JN410940

재봉틀 앞에서

한·영 시집
Korean · English Poetry Book

재봉틀 앞에서
In front of the sewing machine

유경순 · Yu, Kyongsoon

문학공감

시집을 내면서

미국에 이민 온 지 한 달 만에 딸을 낳았습니다. 그렇게 35년이 지났습니다. 긴 세월 동안 모든 게 또렷하게 생각이 납니다. 그만큼 하루하루가 힘들었지만, 나에겐 소중하고 의미 있는 날들이었으니까요. 계절의 변화를 세탁소 내에서 느끼며 열심히 살아온 날들입니다.

그런데 2020년부터 바깥의 맑은 공기 속에 보이지 않는 코로나가 나의 생활을 완전히 바꾸어 놓았습니다. 삼십 년을 애쓰고 공들여온 나의 일터와 은퇴 후 세계여행을 꿈꾸며 내일을 생각하던 모든 계획이 뒤처지기 시작했습니다. 언제가 될는지 지금으로선 불분명합니다.

집에만 있는 시간이 많아졌습니다. 그 탓에 못 읽었던 책도 읽고 글도 쓰기 시작합니다. 힘든 시간이지만 마음속에 있는 앙금 같은 것이 글로서 녹아 흘러내리는 느낌을 받을 수 있습니다. 처음에는 스스로 마음을 위로하고 싶은 상황에 펼쳐진 책을 읽고 글을 쓴다는 것이 행복하고 감사한 시간인지 모르겠습니다.

오래된 일기장을 다시 한 장씩 펼치며 하늘나라에 계시는 부모님과 그동안 내가 살아온 길을 다시 반추할 수 있는 오로지 나만의 시간이었습니다. 지나간 일기장과 조그만 수첩에 잠자던 나의 글이 싹이 터서, 사랑의 시가 되어 한 권의 시집으로 출간됩니다.

코로나 팬데믹으로 인한 역경의 시대에 여러 가지 힘듭니다. 꿈을 안고 오직 앞만 보며 살아온 우리들의 생활은 진통이며 부재입니다. 이리하여 슬픈 사람, 마음 아픈 사람, 외로운 사람 모두에게 다가가고 싶습니다. 또한, 한참 꿈을 꾸고 살아가는 젊은 아들과 딸에게도 이 시간은 결코 헛된 시간이 아니길 바라봅니다.

삶이 녹록지 않지만 그래도 세상은 아름답습니다. 마음대로 활보할 수 있는 세상이 다시 회복되고 아름다운 날이 곧 오리라 믿습니다. 저의 시집을 읽는 여러분들도 정말 행복했으면 좋겠습니다.

이렇게 힘든 시간에 우리의 신음소리까지 들으시는 주님께 감사드립니다.

2021년 8월에

뉴욕에서 유경순 올림

목차

2부 : 그리움

3부 : 재봉틀 앞에서

4부 : 백신 주삿바늘

5부 : 단별 신사

1부 / 히비스커스의 노래

3월의 아침

차가운 바람은
학처럼 훨훨 날갯짓하며
3월의 문을 열고
작게 부서지는
아침의 햇살이
얼음을 엎더지게 한다

아직도 하얀 고갯길에는
깡그리 뒤엎었던
넓게 불거진 눈자위에
휘이 소리를 내며
바람에 풀어헤친
아스피린 같은 흰 분말은
조팝나무 가지를
매섭게 흔들어 댄다

무궁화

싸늘한 봄날 속에
담벼락에 곰상스레 올라온
초록 이파리
군데군데 피어난
하얀 꽃 보라와
계면쩍은 미소 짓는다

머나먼 이국땅에 피어난
외로운 송이송이
각고의 고통 속에서도
긴 하얀 목젖은
우리의 기쁨과
위안이 된다

찬 서리 오기 전
나의 작은 소망은
말없이 초록의 옷을 벗고
따뜻한 다음의 계절을
변하지 않는 맘으로
무궁화 꽃이 피기를 기다린다

봉숭아

한낮 뜨거웠던 여름밤
곱돌 우에 백반 뿌려
분홍꽃 붉은 꽃 이파리와 함께
콕콕 찧어 손톱 위에
동그랗게 뭉쳐 올리고
비닐로 싸매 고무줄로 동여매고
뒤척이다 빠질까 봐
밤을 설쳐대며 웃긴다는 손톱이
빨갛게 익어가는
설렘으로 물든 밤
행복한 내일을 기다리다
깜빡 잠든 사이
세상은 빨강으로 변해
밤새 치장했던 작은 손톱 위에
작은아이는 봉숭아 나라의
예쁜 공주가 되었네

여름밤으로 초대

아직 어둠은
저 멀리서 기다리고 있고
찬란했던 한낮의 태양은
불벼락 뙤약볕 속에
젖은 불빛을 발한다

산다는 것은
영혼 속의 혼자이거늘
밤이 되면
슬픔을 가슴에 안고
고독한 여름밤으로
그리운 그대를 초대한다

코스모스

예닐곱 어린 나이에도
마음속에
예쁜 사랑이 있었다
사각형 두꺼운 겉장의
릴케 시집을
두 손으로 감싸고
한장 한장 넘기며
시인의 노래를
같이 불렀다
어린 시절 내 동네
국민학교 운동장 모퉁이
코스모스밭
그곳에 서면
이유 없는
그리움과 안타까움에
마음이 들뜨고
괜히 얼굴에 홍조가 드리우면
쭈그리고 앉아
들키고 싶지 않은 마음에
얼굴을 감싸곤 했다

이순의 나이에도
코스모스는 날 설레게 한다
꽃잎새에 꽂아논
사춘기의 나의 맘을
들킨 것 같은 당황함에…

올해도 우리 마당 꽃밭에
핑크빛 코스모스가
한아름 피었다

텃밭 이야기

푸르름이 있는 곳
이름 모를 풀과
작은 벌레들이 노래하며
밤이면 반딧불이 반짝반짝
작은 연주회를 여는 무대

아침마다 보석 같은
물세례 속에
노란 꽃잎 속에
길쭉하게 자라나는
까칠한 몸매의
오이라는 처녀

사랑의 물세례를 받은
초록의 매끈함 속에
빨갛게 갈아입을
옷을 짓는 매운 도도함의
고추라는 총각

그곳엔
인생을 다지는 손길이
젊음을 회상하는 손길이
나약한 인간들의
희망의 미소가 있다

뭉친 흙을 부수며
내일을 기다리는
초록의 나라
여름 왕국이다

가을의 문턱에 서면

가을이 문턱에 서면
괜스레 쓸쓸해집니다
뺑 뚫린 해바라기의 가슴은
시커멓게 메말라가고
패랭이꽃 흩날리는 들판 위엔
이름 모를 벌레들이
낯설지 않은 집을 짓습니다

밤늦은 조용한 시간
가만히 하늘을 쳐다보면
우주에 꽉 채운 별들 속에
나의 빈 공간에
못 이룬 오랜 그리움은
올해도
또 텅 빈 채로 흘려보내나 싶습니다

겨울 뒤뜰

한량하기 그지없는
그늘진 뒤뜰에
나뭇잎새 펄럭이며 뒹군다

아무 발자국도 없고
눈여겨보지 않는
뒤뜰의 나무들은
바람불고 싸라기눈 날려도
그대로 자리 잡고 있다

웅크린 내 마음을
창문 너머 뒤뜰에 던져본다
나무들의 친구가 되었다

겨울 뒤뜰에
나를 내어 놓는다
춤추는 그대는 누구 신지요?
낙엽들이 손짓하며 반겨준다
눈발이 날린다
하얗게 옷을 입는다
고요한 적막 속에
그리움을 묻는다

레이크 조지*

이곳에 오면
남색의 호수 위에
달과 별이 함께
춤추는 광경을 볼 수 있다

호수의 여왕답게
파라다이스 위를
한발 한발 걷다 보면
호수 깊이만큼
내 인생 여정이
투명해진다
호수를 감싸고 있는
주변 숲을 향해
두 눈을 크게 뜨면
또 다른 길이 열려 있고
별무리가 휘황하게 빛난다

어슴푸레한 어둔 곳에
어린 왕자의 별이
불시착한 깊은 숲속을
향해 가면서
비행기 수리가 너무 늦다고 외쳐댄다

*레이크 조지는 뉴욕 북부에 있는 마을과 같은 이름의 호수

겨울이 오는 소리

흰 눈이 내린다
거리를 덮는다
어둠과 아픔을 감싸준다
세상을 바꾸는 소리이다
문지방을 넘어오는
싸늘한 한기
미처 들이지 못한
화분의 넋두리 같다
바쁘게 움직이는
군상들은 흩어져 가고
회색빛 공기만이
온 대지를 덮는다
움츠리는 인간들의
몸짓 속에 겨울새는
놀라 날아가 버리고
마른 잎사귀만 흩날린다
잿빛 하늘 속에
천사들의 노래가
하늘하늘 흩어져
흰 세마포가 날린다

히비스커스의 노래

아릿한 여인네의
검고 긴 부시한 머릿결이
바람을 탄다
역사의 아픔과 사랑이
손끝을 위아래로
동그랗게 모으고
수숫잎 치렁한 스커트와
훌라의 춤사위가
그 힘들었던 날을 떨쳐 버린다
고이 감춰진
인내의 세월
빨간꽃을 머리에 꽂고
맨발의 인생을
밟고 있다
화려하지만
시큼한 내음의
히비스커스
우리의 인생 맛이다

햄튼*의 바닷가

고은 백사장이
티 묻지 않은 어린아이의 마음 같아
아주 조심스레 밟아 본다
세상에 굳어버린
발바닥의 각질이
감각조차 잃어버린지 오래건만
발가락 사이로
간지럽게 삐져나오는 하얀 모래알이
소소한 행복을 하나 더 한다
부딪히는 파도는
살짝 나를 만지고
왔다 가고
또와서 나를 만지고
바닷바람이 맘을 뺏어가 버린다
파란 하늘 속에
나를 담그고
바다에 나를 던지고
모래밭 속에 나를 감춘다
수평선 저 만큼에 하늘이 있다
내 손안에 바다도 하늘도 있다

햄튼의 바다는
나를 부자로 행복하게 한다
모래알이 보석되어 반짝인다

*햄튼: 뉴욕 롱아일랜드의 조용한 타운으로 바닷가 근처에 있다.

오키드*

긴 줄기 끝에
너덧 송이 분홍꽃이
힘들게 맺혔다
넓적한 이파리들이
힘을 과시하듯
두 팔을 벌리고 있다

여인네의
길고 긴 하루에
목말라하던
그리움이
더하여
한 곳을 바라본다

아름다운 인고의 시간

꿋꿋이
버텨낸 아픔이
동그란 꽃잎이 되어
모난 마음을
둥글고 푸근하게 만든다

*오키드: 서양난초

제비꽃

참 이상도 하지?
해마다 찾아오는 봄 언덕에는
아지랑이 사이에 제비꽃이 찾아온다
언제부터 얼굴을 내밀었는지
자세히 들여다보니
그 속엔 사랑이 가득 담겨 있네

꽃 속의 노랑 수술
바이올렛 연보랏빛 꽃 이파리가
이름 모를 잡초 속에서
이리 밀치고 저리 밀려도
수줍음을 꼭 숨기고
나직이 몸을 숙이고 웃고 있다

봄바람이 살랑대면
겨우 고개를 내밀고
이게 사랑이라고
정겹게 나지막이 노래를 부른다

목련

아침 안개를
온몸에 가득 품고
아직도 나뭇가지는
마르고 앙상한데
마디마디 상처를 내며
용트림한다

잎도 없이 봉오리를 만들고
흰 꽃으로 온다더니
오히려 붉은 테 휘감고
하늘을 향해
삐죽이 입을 내민다

짧은 봄 햇살은
꽃샘추위 속에 사라지고
무수한 바램은
꽃망울 속에
꼭꼭 숨어 날갯짓하고 있다

생명이 꿈틀거리며
촉촉한 깃을 털고
산고의 아픔은
환희로 바뀌고
꽁지깃 치켜세우며
목련은 몸을 푼다

백일홍

주택가 길섶에
피어 있는 백일홍
바람이 없어도
후두둑 떨어져
촉촉한 꽃방석을 만드네

100일간의
만개한 너의 모습애(愛)는
피고 지는 삶은
파랑 하늘 아래
고동색 추억을 남기고
푸른 빛의 이파리에
애잔한 기억을 남기고
떠나간다

2부 / 그리움

소년의 소망

맑은 눈동자의 소년은
마음속에
작은 소망을 간직하고
살아갑니다

밤에 핀 작은 벚꽃의
속삭이는 소리를 들으며
아름다움과 소박한 맘으로
물안개 젖은
동산에서 살아가기
원합니다

시를 쓰기 위해
자연을 사랑하고
그리움을 상처 내지 않기 위해
큰 덩치의 선인장 가시를
가여워하는 마음이 되길
원합니다

아침이면 꿈속에
적어둔 사랑의 소식을
작은 메모지에 담아
종이비행기로 접어
하늘 높이 날려 멀리 계신
부모님께 보내기를
원합니다

소년은
잊고 싶지 않은 순간들을
간직합니다
차곡차곡 마음속에
글을 씁니다
사랑을 담습니다

그리움

여름의 끝자락엔
새벽 공기에 가을이 보인다
무언가 가고
무언가 새롭게 오고 있다는 것에
나도 모르게
하늘을 쳐다보게 한다

가을꽃 코스모스를
꽃밭에 심고
물을 꼭꼭 뿌리면서
붉은 진달래를 생각한다

오고 가는 것이 이치이고
숙명과 순리인데
돌담에 내려앉은 따사로움과
종달새 지저귐을
왜 그리워지는지

거울 앞에 앉아서

미소를 짓는다
세월의 흔적이
깊게 자리 잡은
주름 팬 길 따라
화장을 한다

사십이 넘으면
나를 찾아야 한다는데
그땐 이미 오래전 일이고
아직도 철없는 맘속은
무지개만 좇다 보니
흘러가는 구름처럼
그렇게 살아 있다

거울 속에 비친
화장한 주름을 토닥이며
더 솔직해지려고
머리 위로 향수를
진하게 뿌려본다

언덕 너머

저 언덕 너머에는
아침이면 가느다란
햇살의 실루엣으로
세상의 왕실이 되어
아름다운 팡파르가 울리고
지저귀는 빨간빛 작은 새가
노래하는 곳이다

저 언덕 너머에는
파란 하늘에 새털구름이 있고
황금색 나무 위엔
초록빛 비둘기 떼가 쉬어가고
가지가 휘 일만큼
커다란 보름달이
세상을 구경하는 곳이다

어릴 적 동무들아
손잡고 같이
뛰어가 보자
저 언덕 너머엔 그리운
풍경과 웃음이 있는 곳이다

그런데
오늘도 저 언덕 너머의 길을 찾아
걷는데
이순의 발걸음은 왜 이다지도
무거운지
모르겠다

바람의 그리움

추녀 끝에 매달린
물고기 한 마리에게
댕그랑 소리를 내며
희미하게 들려오는
바람의 속삭임은
돌고 돌아
내 품속으로 파고듭니다

나는 몰라
뿌리치고 싶은데
바람이 깃털을
가슴 한가운데에
꽂아놓고 달아나 버립니다

잊어버린
아련한 추억들이
오래된 라디오에서 들려주는
사랑의 이야기는
긴 여운을 남깁니다

죽었을까?
살았을까?
무얼 할까?

빗방울은
바람을 타고
세상 위에 옷을 입히며
파란 잎은 파랗게
꽃은 꽃을 피우는데
가슴을 파고드는 그리움은
괜스레 흔들리는 오늘을
바람이 묻고 갑니다

피아노

비가 오는 날엔
그대 앞에 앉는다
기분이 울적하여
그대를 두드린다

마루 한편을 차지하고
묵묵히 나를 바라다보는 그대
무엇을 하여도
그대로의 모습으로 나에게
다가와 위로를 한다

무도회에 나가고 싶은데
닫혀진 문은 열리지 않고
쓸쓸한 악보만이
둥그렇게 놓여 있다
인생의 한 도막이다

악보가 춤을 춘다
뚜껑이 열리고
악단이 연주한다
검은 수트와 흰 드레스가
미뉴에트 위에 오른다
삶이 노래한다
인생은 너의 것이라고

돌지 않는 팔랑개비

기다려도
바람은 불지 않고
사람들은
분주하게 오고 가는데
빨강 노랑 팔랑개비는
낮잠을 자고 있다

소리를 쳐도
호루라기를 불어 봐도
팔을 내둘러봐도
흙먼지 날리는
무거운 오후

가늘게 잡히는
한 줄기 햇살에
잠시 기대어
온몸을 맡긴다
기우뚱거린다

돌지 않는 팔랑개비만
덩그러니
한낮을 지킨다
따분한 하늘에
먹구름이 인다
이것도
또 하나의 인생이려니
하품만 난다

광야를 지나며

어디로 가야 하나
무엇을 기억해야 하나
마음의 행로가 어지럽다
맨손에 걸친 것 하나도 없지만
짓누르는 묵직함은 무언가

도전하고 고민하고
힘차게 박차며 걷는 발걸음은
그냥 제 자리이다
벗어나고 싶은 곳은 여기인데
가면 될 것 같은데
다람쥐 쳇바퀴 돌고 있다

두 손을 모은다
두 눈을 감아본다
걸어온 길이 후줄근하게 옥죄온다
길게 묶어놓은 역사에는
태양의 손짓이
나를 이끈다

광야는 끝을 알고 있다
세상이라는 커다란 늪에
빠지지 않게 허우적대며 불평한다
그래도 끝이 있는
푸르른 숲이 있는 그곳으로
한발자국 한발자국
걸어가 보자면
밝고 따스한 햇살에
다소곳한 곳
그곳엔 거추장스러운 것들은
안 보이겠지

바쁘다는 이유로

이름 모를 벌레들의 울음소리에
한밤을 꼬박 지새우고
정리되지 않은 머릿속의
긴 나열이
초침 속에서 하나씩 되새김한다

삶의 하나하나가
오묘한 뜻을 갖고
까칠하게 살아온
어느 사람의 자서전이
내 것인 양 마음에 똬리를 튼다

내 속에는 뒤집어보는 인생살이가
뜨다만 실타래처럼 내팽개쳐져
한 장의 여백으로 남아
가족에 대하여
건강에 대하여
행복에 대하여
인생에 대하여
어느 줄부터 엮어 가야 하나
그동안 바쁘다는 이유로

이것을 잡으면
저것이 잡히고
정답 없는 빈 웃음과
팔자 없는 주름만 만들고 있다

애증

산과 바다는 그대로였어
여전히 나를 반기는 비둘기와 새들
아침 이슬을 머금고 막 깨어나 어디론가 떠나고
햇살 머금은 허드슨강물은 내 눈을 부시게 했어
목멘 아내의 절절한 목소리 나를 불러 세우고
여보! 나도 덩달아 울었지
살아오면서 몸서리치듯 힘겨웠던
지난날들은 차곡차곡 눈물로 맺히고
눈 흘기며 뒤돌아 앉았던 미운 정 고운 정을
사랑이라 믿고 살아온 날들
되돌아보니 내가 당신께 못했던 말 만큼
길고 긴 삶이라 지나치고 넘어왔건만
아직도 그 흔한 사랑가 한 번 불러준 못하고
저세상으로 보냈으니 서럽기만 하네
당신의 음성이 내 발목을 잡지만
차마 되돌아볼 수 없었어
어차피 저승에서 만날 터이니까

*친한 교회 친구의 남편이 코로나 팬데믹으로
갑자기 저세상으로 가버린, 친구의 망부가

겨울 소나무

바람 불고 눈 내리고
온 세상이 꽁꽁 얼어
빈 몸이 되었을 때
소나무를 바라보자

겨울이 오면
소나무는
더 진한 색으로
푸릇한 희망을 노래하며
내일을 다짐한다

살풍처럼 쉽게 변하는
인간들의 나약함을
소나무는
하얀 눈꽃을 이파리에 달고
봄을 그리며 미소한다

하나로 가는길

천만년을 거슬러
공룡이 살고 거대한 식물들이
무리 지어 살던 계곡
한 번 가면 되돌아오지 못할 것만 같은
꼬불꼬불 좁다란 길이
수많은 발자국을 만들고
눈물과 한숨으로
세월을 만든다

돌도 까맣고 흙도 까맣고
마음도 숯덩이
걷고 또 걸어도
걸리는 건 빳빳한 풀잎
뒤돌아갈 수 없는
그 길위에서
발길을 멈춘다

길가에 홀로핀
이름 없는 꽃들
저마다 무슨 말을 하고 있는지
인생은 걷고 또 걷는 거란다
그래 걷자
나한테 주어진 이길
맨발이어도
가다 보면
주저앉고 싶겠지
그땐 앉기도 하면서

늙는다는 것

눈 감으면
별이 쏟아져 내려
검은 커튼이 올라가고
오케스트라의 협주곡은
새로운 밤이 시작된다

극본도 써야 하고
높은 산에 올라
넓은 세상
성냥갑 같은 집들을 보며
희망 같은 웃음을 남기고 싶은데
쭉정이같이 흘러간다

홀로
허공을 향해
늙어감을 한탄하며
고함지른다

밤의 깊은 정적이
하루를 지난
피곤한 마디마디에
신음을 더한다

얼마나 지났는지
진정된 마음을 찾으면
희망은 서쪽으로 가고
파란 하늘엔 낮달이 떠있다

가을 앓이

푸르던 잎사귀들은
빨갛게 단풍을 만들고
홀연히
마지막 사랑을 선언한
낙엽은 한 장씩 떨어져
공원에 쌓인다

세상의 모든 것을 사랑한다며
당당하게 눈부시게
푸르렀던
그대의 속삭임은
총총 묻히고
어느덧 작은 바람 앞에
속절없이 무너진다

사방으로 떨어져 뒹굴다가
옹달샘을 찾아
물 한 모금 마시는
사슴은
붉고 노랗게 변한
단풍색 몸매를 보며
긴 목을 빼고
울긋울긋 깊은 산으로 돌아간다

빨간 겨울꽃

하얀 입김에
빨갛게 시든 잎사귀가
꼭 다문 너의 입술같이
봉긋하게 보인다

잔잔한 가시를
겉옷 입고
바람에도 움직이지 않고
가만히 서서
눈 내리면 흰옷 입고
봄 향내를 말아 피우며
봄을 기다린다

화사한 봄날이
아직 이건만
땅속 깊은 곳
뜨거운 입김을 그리며
메마른 가지를 깨우는
빨간 겨울꽃이 된다

동행

긴 인연은
담쟁이덩굴같이
세월과 함께
동행하고 있다

삶은
나를 새롭게 만들며
앞서니 뒤서니
하루를 만들어 내고

조그만
나의 맘과
날개를 활짝 편
풀꽃 냄새 그림자와
같이 걷는다

너는 너고
난 나이다
인생은 저만치
각자의 고독이 존재한다

3부 / 재봉틀 앞에서

만두

손바닥 위에 하얀 낮달이 있다
어린 시절 공기놀이하며
손안에 꽉 찬 둥근 돌을 주무르듯이
세월을 꾹꾹 뭉쳐 달 속에 넣는다

만두를 빚는다
왕만두를 만든다
단맛과 짠맛
빨갛게 김칫물이 배인
매운맛은
인생과 삶과 닮은
이 맛은 어떨까

술렁술렁 떡방아 찧던 토끼 두 마리
동네 마실 나가고
낮달은 인생을 노래한다

섣달그믐

한 장 남은
달력의 모서리가
추운 듯 주름 잡힌
손짓을 한다
못한 것이 너무 많은데
보내기 싫어
같이 있고파
아직은 아니라고
손사래 치지만
빗겨 가는 세월은
제야의 고갯마루에 서서
뒤돌아 바라보며
쓴웃음만 진다
흰머리가 하나 더 늘었다

나의 노래

햇살에 코스모스가 비칠 때
쑥색으로 드러나듯
젊은 날 갓 낳은 딸과 아들을
나의 배 위에 올려놓고 기쁨을 느꼈듯이
낯익게 다가온다

추억은 사랑보다 더 진한 기억들로
심장에 머물러 꿈틀대고
피어난 한줄기 햇살은
어제를 동여맨 일기장을 보듯
진한 그리움으로 다가온다

두 애가 발바닥이 닳도록 뛸 때마다
나는 희망이라는 새 숨결이 열리도록
이국 하늘 밑을 야윈 팔다리일망정
한껏 휘저으며 슬픔도 한껏 가슴으로
맞대며 가락 속을 거닐었다

오늘따라 거울 속에 비친
머리카락은 마늘통에 찧어진 것처럼
짙은 은회색이라면 햇빛이 있는 한
나의 삶은 불 지필 일이고
행복의 숨결을 보탤 일만 남아 있다

책상

가장 행복한 시간
나를 보며 찾아가는 시간
끝이 보이지 않는 길 위에서
점같이 보이는 길을
같이 찾아갑니다

어릴 적 아버지가 사주신
앉은뱅이 책상 위에서
이솝 동화집을 읽으며
꿈을 키우고
책상 서랍 속 고이 간직했던 일기장이
나의 가장 큰 보물입니다

동그란 유리 볼 속에
많은 연필과 펜
돋보기와 컴퓨터
몇 권의 책
영원히 함께할
나의 친구입니다

다시 나를 봅니다
얼굴엔 삶의 피곤과
주름이 있지만
책상 앞
영원히 지키고픈
나의 자리입니다

이순의 사랑

청춘의 사랑이
이리 고울까
사뭇 안타까운
절절한 그리움을
마음속에 꼬옥 감춘다

내 사랑은
내 마음 깊은 곳에
전부였으면 좋겠다
욕심쟁이

몽땅 퍼부어도
마르지 않고
깊은 우물 속에서
매일 솟아나는 생수처럼
펑펑 솟는 화수분의 사랑
가시가 돋친 내 말을
따뜻하게 씻어주는
내 사랑

검은 머리카락이
흰 머리카락 되어도
변한 게 아니라
그게
사랑임을 깨달았다

나무를 심자!
사랑의 열매를 맺어야 하지
더 큰 사랑을 만들어야지

– 사랑하는 시와 사랑에 빠짐

재봉틀 앞에서

아침마다 화장을 곱게 한 후
머리를 가지런히 빗어 뒤로 묶고는
수수한 원피스 차림으로
일터에 간다

처음 재봉틀 앞에 앉던 날
손은 떨리고
페달은 다리에 힘을 줘서
속절없이 눌러 버리고는
하염없이 좌절했던
마음 구석구석에 낀 때들을
가끔 기억해 내고
재봉틀 앞에 앉아 계신
엄마를 생각한다

엄마의 손끝은 뭉툭했지만
요술봉 같아
빨간 자개 손틀에서
덜덜덜 돌아가면
꽃무늬가 예쁜 포플린 옷감은
원피스가 되고
치마가 되면
나는 그옷을 입고
동네에 나가 자랑했다

한땀 한땀
건너뛰면서 다시 그 자리로
지우개로 지우며
인내를 꿰맨다
삶을 꿰맨다
인생을 꿰맨다

– 세탁소를 처음 오픈하였을 때를 생각하며

결혼기념일

벽에 걸린 기다란 4월 달력과
탁상 위에 조그맣게 놓인
4월 달력에 까만 굵은 숫자 위에
꾹꾹 찍어 둥글게 그려놓은
커다란 매직펜 글씨는
휘영청 보름달이다

검은 머리 파뿌리 되어도
변치 말자던
그날의 기억이
새벽안개 속에서도
아련하게 떠오르고
긴 세월은 허허롭게 수놓으며
인생이 익어간다

면사포를 쓰고
신부가 행진한다
세월의 주름이
길게 드리워져
같이 걷고 있다
구부정한 노부부의 뒷모습은
애처롭지만
아름다운 삶이라 싶다

세월을 엮어 만든
커다란 바구니에는
말린 장미꽃이 쌓여 가고
잎사귀는 만지면 부서질 듯
삶을 꿰맨 달맞이용 이불이 되어
세월을 덮고 있다

– 결혼 35주년을 맞이한 4월 5일. 2021

설날

눈이 많이 내린 설 아침
엄마가
한땀 한땀 만들어주신
빨강 치마 색동저고리
흰털이 보송보송한 배자를 입는다

하얗고 동그란 떡국이
노란 지단을 입고
제사상에 올라왔을 때
우리 형제들 모두 침을 꿀꺽
삼키며 절을 하던 생각이 난다

조그만 붓으로
지방을 쓰시며 조상님을 생각하시던
아버지는 지금은 어느 하늘에 계실까
밤새 불을 때며 식혜를 만드시고
수정과를 만드시던 우리 엄마는
우릴 보고 계시겠지

세상은 각박하고 험난하다지만
올 설날에도 떡국을 끓이고
사랑을 빚어
하늘의 별과 나눠야겠다
설날은 그리움이다
잊힌 모든 것들이 그리운 날이다

최고의 선물

아들의 첫 소절의
피아노야상곡
투박하지만 하얀 손가락으로
띄엄띄엄 치는
그 소리가 마음을 위로한다

화려한 기교의 피아니스트보다
진정한 마음의
몇 마디의 곡조가
이렇게 아름다울 수가 있을까

기다릴 수 없는 조급한 부모의
성급함 속에도
조용히 자기의 길을 위해
걸어가는 자식들의 대견함

항상 불도저 같은 엄마도
최고라고 엄지척 해주는
그 사랑스런 자식들에게
엄마도 엄지척

어머니

어제도 오늘도
내일도
창틀과 밤하늘에 걸려 있는
어머니의 초상화

타국에서
인생살이 문득문득
쓸쓸한 마음이 들고
가끔 몸이 아프면
어머니는 끌끌끌 혀를 차시고
육십이 다 된 나의 얼굴을
따뜻한 손으로
닦아주시는 꿈을 꾼다

저녁놀에 펼쳐진
붉은 하늘에
잊히지 않는 단 하나
어머니의 품속

동심초

오랜 바이올린의
애끓는듯한 선율 동심초는
하얀 손가락과 바이브레이션이
어린 시절 눈여겨본
아버지 모습이다

흐르는 슬픈 곡조는
엄마의 어두운 얼굴과 겹치며
“음악은 배고프다!”는
엄마의 나지막한 목소리에
활의 하얀 실은 제자리를 찾지 못하고
가끔 찍찍거리며
바이올린의 가냘픈 절규는
가슴 아프게 토해내고 있다

조금 커서 알게 된
아버지의 애곡 동심초는
수줍음 많은 아버지가
토해내는
꺾인 삶의 날개였을까,
아직도 잘 모르겠다

가장자리가 노랗게 변해버린
흑백 사진 속에
동그란 안경을 쓰고
검은 줄이 묶인
하얀 중절모를 쓴
노신사, 아버지가
오늘따라 보고 싶다
어쩜 이렇게 고독하게 보일까

남편의 뒷모습

어느덧 35년을 훌쩍 뛰어넘었다.
만삭의 아내를 데리고 커다란 이민 가방에 미역과 고춧가루,
아기 이불, 기저귀를 짐칸에 넣으면 잃어버릴까, 어깨에 메고
뒤뚱거리는 아내를 손잡고 오던 날
몇 번 비행기를 갈아타고 시카고 경유 허름한 호텔에 들어서서
남편 어깨에 시뻘건 피멍이 든 걸 알았다.
피곤해 침대에 쓰러진 모습이 얼마나 든든했던지
젊다는 것 하나가 그냥 멋있기만 보였다.
기댈 수 있는 커다란 버팀목이었다.
세월은 달리다 못해 날개까지 달고 나른다.
30여 년을 하루같이 앞만 보고 달려온 날들이
코로나 때문에 잠시 정지해 버렸다.
그 패기 용기는 간데없고 갑자기 의기소침해졌다.
희끗희끗 흰머리는 머리숱이 없어 바람에 휘날리고
익숙지 않은 추리닝 옷차림은 왜 그리 초라해 보이는지
세월이 혼란해 이런 세월을 사는 것은 남편의 책임이 아닌데
너무 힘이 없어 보여 속이 상한다.

오늘은 시키지 않은 설거지를 한다고 싱크대 앞에 서 있다.
하지 말라 해도 가서 쉬라며 고집부린다.
오늘따라 남편의 뒷모습이 더욱 애처롭게 보인다.
한국의 고유한 육십 대 후반의 남자의 자존심은
생각에 꼬리를 무는 모양이다.
이젠 일을 놓고 하고 싶은 일 해야 할 나이인데…
"그렇게 안 해도 돼요!"
"당신 잘못이 아닌걸요!"

– 코로나로 인한 팬데믹

국화빵 부녀

오래된 딸 사진 속에는
해맑은 웃음
눈 마주치면 벙긋벙긋
품속에 넣으면 따끈하게
번지는 향긋한 내음이 있어

코가 더없이 사랑스러웠던 얼굴
몇 가닥 없는 머리에 빨간 꽃을 달고서
치마를 입어야 했어
유난히 긴 새끼손가락과
도톰한 입술까지 남편 닮았다며
이때부터 남편은
딸 사랑이 하늘을 찔렀고
땅에 놓기가 싫어 목마를 태워
가던 등굣길
그 예쁜 아가는 세월이 흘렀어도
영원한 남편의 아기

세월은 흘러가도
남편의 마음에는
딸바보 광대놀이
목걸이에 걸고
달밤의 가로숫길을 걷다 보면
삶은 한 폭의 추억이 되어 가네

매직 킹덤

환갑여행으로 플로리다주 매직 킹덤(Magic Kingdom)을 찾았다. 어린아이들과 함께 갔을 때 타보지 못한 기구들이 그대로 있다. 그때를 회상해 보며 하나씩 타보기로 했다. 어지럼증이 많아, 돌아가는 말도 못 타던 내가 전율 있는 기구를 탄다니 말도 안 된다고 야단들이다.

이상한 엘리스의 나라에 와 있다. 만화영화의 주인공들은 신이나 웃으며 다가오고, 공주 드레스를 입은 신데렐라가 유리구두를 반짝반짝 신고 춤을 춘다. "육십 평생에 처음!"이라는 말을 수십 번 되뇌며 몸이 수직으로 떨어지는 배를 탄다. 눈이 크게 떠지고 입도 크게 벌려진다. 바보스러운 자신을 테스트하듯이 과장하기도 하고 옆으로 가는 광산열차를 타며 속이 뒤집어지는 희열도 느꼈다.

나 자신도 사뭇 놀란다. 옆에 앉은 남편의 손바닥에 땀이 흥건하다.

다시 알라딘의 매직카펫을 타면서 세상을 넓게 바라본다. 둥글둥글 도는 세상이라고 어느 가수가 노래했는데, 사는 것은 생각하기 나름이 아닌가. 모든 것에 걱

정이 앞서고 조그만 일에도 아등바등하는 나를 여기서 만큼은 내려놓아야지. 세상을 이만큼 살았으면 그만큼 성숙해져야 하지 않을까, 자신한테 곱씹는다. 그래, 인생은 육십부터다!

다시 불꽃놀이가 아름다운 섬에 수놓는다.
내 인생
나의 연극 2막이 시작된다.

인절미

선달그믐 닷새
내 생일이다
너무 추울 때라서
바람 불고
항상 눈발이 날리는
매서운 날씨였다

엄마는 내가 열 살 생일까지
인절미를 해주면
시집가서 잘산다며
방앗간에서 떡쌀을 빻아다가
시루에 쪄내어
손으로 인절미를 만들어
콩고물 묻혀
생일떡을 해주시곤 했지!

미역국과 인절미가 오른
아침 생일상
아버지는 항상 어머니께
절을 시키신다
왠지 쑥스러운 아침이었지만
부모님께 절하면
온종일 왕관을 쓴 것 같은
으쓱대던 날 아침이다

말랑한 인절미만 보면
눈물이 나온다
그 속에 부모님의
깊고 간절한 사랑을
지금에서야 알았기에 서럽다

목향 시인에게

아득히 먼 이곳까지
그 맘속에 움켜진
아름다운 삶의 노랫소리가
메아리쳐 옵니다

아주 크지도
화려하지도 않은
소박한 노랑국화
한 무더기 꽃묶음이 되어
작은 미소를 던지며
작은 손을 가진 목향

오늘
아주 커다란 선물이 되어
감사하는 그 맘을
이젠 나도
가져 봅니다

하얀 공간을
싸한 감동으로
메워 주는 그대는
진정
목향을 만난 것은
아름다운 인생 문우
감사한 삶입니다

동그라미 채우기

아들한테 스마트 시계를 선물 받았다. 작은 컴퓨터가 손목에 올라앉아서 아직 컴맹인 나에겐 부담도 되고 내가 잘 사용할 수 있나 하는 의문이 들지만 그래도 솔직히 멋있어 보여 기분은 괜찮다. 코로나 팬데믹으로 집에 있는 시간이 많아지자 아들은 엄마의 행동이 느려지는 것에 운동 프로그램을 시계 속에 올려놓고 운동하라며 웃으며 정중히 부탁한다. 그렇지, 해야지, 시작한다고 다짐한다. 그러나 정해진 걷기와 움직임은 나한테 꼭 필요한 운동으로, 내가 정해 놓은 규칙이고 무사하게 끝내면 링이 채워지는 고약한 시스템이다. 아직도 몇 달 동안 한 번도 일주일을 채운 적이 없다. 어쩌면 한 주도 달성을 못 하는지…. 창피하고 마음이 약한 것 같아 괜히 속이 상한다.

초등학교 때 선생님이 공책에 다섯 개의 동그라미! 그 기쁨을 위해, 자신들과의 약속을 위해서도 나를 채찍질하고 담금질해 본다.

4부 / 백신 주삿바늘

동무야

어린 시절 소꿉친구
조개껍질로 그릇하고
고운 모래로 밥을 짓던
동무야

동네 골목길 상나무 그늘에
옹기종기 모여앉아
공기놀이하던
그리운 친구들

깔깔웃던
우리들의 웃음소리
언제 그렇게 웃었는지
세월 흐름만큼 희미해지고
아득히 멀어져간
동무들의 부드럽던 손길이
지나온 길 위에
펼쳐져 있다

그 길 위에 다시 서고 싶다
어깨동무하고 지내던
동무들은 다 어디 있는지
마음속에서나 찾아 헤맨다

청춘

아지랑이 아른거리는
짧은 봄날의 이야기
손안에 꼭 잡고
놓지 말걸

어느새 빠져나간
봄날의 햇살은
꽃샘바람 속에
밀리고 말았다

마음이야 오죽하랴
눈을 감고
곱씹어 보아도
청춘은 가는 것인데

다시 불을 지핀다
까맣게
재가 될 때까지

청춘이라는 두 글자
다시 마음속에 심는다

배반

차마 말로 하기가 어렵습니다
글로 쓰기는 더욱더 힘이 듭니다
계속 보일 것만 같아서
차라리 잊어버리려 합니다

나누었던 수많은 언어는
허공 속에 흩어지고
아름다웠던 세월의 기억은
철저하게 퇴색해 버리고
매듭지어진 쌍고리는
배반으로 끊어져 버린
실타래가 되었습니다

바람이 뺨을 스쳐갑니다
뒤돌아 봅니다
슬픔과 배반의 그림자가
길게 따라옵니다

꿈길(시인의 절규)

좁다란 작은길
얕은 언덕 서너 개 지나야만
행길이 나왔다
그 길에 내가 서 있다

지금 나는
정제되지 않은 꿈을 꾸고 있다

양쪽엔 보리밭이
정리되지 않은 채
잡초들과 살고 있고
가장자리 자두라기 땅엔
무겁게 머리 숙인 수수가
상념에 빠져 있다
이름 모를 들꽃이
노랑 하양 엉겨서
보랏빛 제비꽃을
덮고 있다

잔잔한 실바람이
고추잠자리와 어깨동무하고
귀밑을 스친다
책가방을 내려놓고 땅에 앉는다
석양이 넘어가는 해를 반쯤 잡고 있다
두 손을 잡고 이 길을 걸으며
깔깔거리며 웃던 동무의
빨간 볼이 그리워진다

아스팔트 위에
내뿜는 카바이드의 냄새가
세월을 뒤로 보내 버렸다
사각형 빛바랜 두꺼운 표지의
시집을 펼친다
글자 속에 시인의 절규가
뛰쳐나온다
그 길에 내가 서 있다

고백

하늘의 파랑물감을 퍼왔다
살랑거리는 바람결에 뿌려본다
훌쩍 뛰어넘은 날들과
무의미하게 지나가 버린 날들을
스치듯 지나쳐버린 바람이 생채기만 남겼다

다시금 하얀 구름을 조금 떼어본다
가리고만 싶은 많은
욕심의
덩어리들을
가리기에는 턱도 없이 모자르다

얼마나 지나야만 하나
끄덕이고 달래봐도 흠칙움칙 보이는
흉측한 몰골
두 손을 모으고 절여 오는 다리를 펴지 못하고
엎어지고 말았다

뜨겁게 솟구치는 하얀 공간 속에
다시금 하늘의 파란 물감을 적셔본다
억지로라도 똑바로 걸어가야지 하면서
발자국 속에 묻혀나오는 감춰진 햇살을
끄집어 내본다

가슴 앞에 모이는 수줍은 두 손
흘러내리는 눈물은
입속의 중얼거림을 듣지 못한다
하늘을 향해 웃어본다
파란 하늘 안에 내 얼굴이 비친다

줌바 아줌마

정말로 한참을 망설이다 발걸음을 들여놓았다.
거울에 비친 내 모습은 알파뱃 디 모양의 만화 캐릭터 같다.
다행히 가게에서 두 블록 사이에 있는 운동센터는 나를 위해 생긴거라 마음에 위로와 다짐을 하며 줌바 클라스에 조인을 했다.
귀청을 울리는 커다란 남미 가수의 흥겨운 노랫소리에 맞춰 몸을 맡긴 첫 수업이다.
그런데 웬말인가
너무도 마음과 몸이 지친 나의 몸은 안 쑤신 데가 없이 아프고
발은 쑴먹쑴먹 쑤시고 머리까지 띵하게 아프고 입까지 바짝바짝 마르고 걸음을 걸을 수가 없고 주저앉고만 싶다.
운동화를 벗기에 이르렀다.
정말 육십 평생을 일을 하면서 몸을 움직인다고 생각했는데 한번 클래스에 이렇게 KO패 당할 줄 몰랐다.
맨발의 내 모양은 전쟁터에서 패망한 패잔병이 따로 없다.
이런 실수를 안 하려고 내 나름대로 집에서 인터넷을 찾아봤다.

Youtube 영상의 아줌마들의 가벼운 몸동작이 물론 나도 쉽게 할 수 있을 줄 알았다.

한 달을 정말 아픈 사람마냥 서럽게 서럽게 아프면서 살았다.
아마도 마음이 아팠던 모양이다.
아무것도 다스리지도 못하고 억지로 힘만 가지고 살아왔던 무기력한 나를 느꼈다.
삶이란 것이 절대 억지로 우격다짐으로 되는 것이 아닌데 지혜롭지 못하게 너무 마구잡이로 살았구나 함을 느꼈다.
내 몸은 제발 그만두라는 신호로 한 달 정도를 기침 감기를 안고 살았다.
내가 누구야 너한테 질 것 같아, 하는 오기가 나를 다시 일어서게 했다.
흥겨운 줌바 음악에 몸을 싣고 팔을 올리고 발걸음을 옮기고 등에 훅 느끼는 땀을 느끼며 운동을 함으로써 맘과 몸이 이렇게 더 생각하면서 살아갈 수 있음을 새삼 다시 느낀다.
정신없이 살아온 나날들이 저울 위에서 뒤우뚱거리며 다가온다.

저울추의 움직임이 미소 짓게 한다.
육십 고지의 역기를 다시 한번 힘차게 들어본다.
평생 느끼지 못한 운동으로 느끼는 희열이다.
무엇인가에 이긴 것 같아 기분 좋은 땀방울이다.

일상탈출

하마터면 질식해 숨이 넘어간다
이름 모를 백화점 안에 내동댕이쳐

레이스가 화려한
연보라 드레스를 입고
분홍색 립스틱을 바른다
흰 구두를 신고
한 발짝 띠어본다

낯선 이가 거울 앞에 서 있다

온몸 옥죄던 질식이 허공을 응시한다
살아온 만큼이나 마음의 욕망이 넘쳐
봇짐만 늘어나고 마음은 요지부동
이 길도 아니고 저 길도 아니듯
나의 그림자만이 곁에 있다

그 자리에 머물러야 하는 날
일상탈출은 남루한 리본을 달고
피비린내가 나는 시장 속으로 들어간다

밤을 잊은 그대에게

비틀즈의 솜사탕 노래 속에
빗방울도 아름다운
영화의 배경과 미풍이 되고
기타 소리에 마음이 뜯겼던
아련한 그리움의
열일곱 시절

손바닥만 한 라디오가
가장 귀한 것이 되어
잠을 설치며
뜻 모르는 팝송과
흘러나오는 디스크자키의
달콤한 목소리는
영원할 것만 같았다

구식이 되어버린
나의 아름다운 귀했던 시간들
접어놓은 부챗살 속에
지금도
차곡차곡 끼어 있다

펴서 흔들고 싶지만
세월은 흐르고
또 다른 삶 속에 내가 있다
오늘
밤을 잊은 그대에게
따뜻한 추억을 선물한다

백신 주삿바늘

묵묵히 늘어선
표정 없는 순례자들
세상의 온갖 치장
하나하나 벗고
마음을 다진다

무기를 짊어진
군병의 패기도
단상 위에서 떠드는
조잡한 정치가의 약속도
머리 위에 올려진
기름진 왕관도
다 벗어버리고
조용히 간호사의 한마디에
뒤를 따른다

꿈꾸듯
텅 빈 머릿속에
깜깜했던 긴 터널을 지날는지
따끔하게 조여오는 주삿바늘은
몇 방울의 색깔 없는 멋진 보석
진정
그대가 세기의 승리자이리라

와이키키 바람

가슴속 깊은 곳에
멋진 바람으로
꽁꽁 뭉쳤다

세상 풍파
모진 바람
다 두 팔로 헤쳐버리고
허허로운 가슴에
예쁜 자식들이
사랑의 입김을
훅훅 불어준다

어느덧
삶의 무게가
푸르른 하늘 속으로
날아가 버린다

하늘의 별이
바람에 별이 동그랗게 뭉친다
와이키키 해변에
둥근달이 떴다
알로하!
사랑의 바람이 분다

소나기

아름다운 불빛을 토해내며
무지한 큰 악기의
단조와 장조의 묘한 화음이
하늘에서 연주회를 한다

작가의 이야기는
비극의 종말
주인공은 눈물을 흘리며
토해내는
삭힌 영혼이 된다

미루나무 아래서 바라보는
마른 풀들은
엄마의 마른 젖을 빨다가
온몸으로 사랑으로 변한
흙비에
일곱 색깔 무지개 다리를 건넌다

저녁노을

찬란한 햇살은
커튼 사이로 숨다가
생을 마감하려나 보다

열심히 살다가
엉클어진 마음을
붉게 할퀸 자국을 남기며
서녘을 물들인다

비 내리는 가을 아침

후드득 참새 한 마리
서리맞아 오그라진
철 지난 깨밭에서 종종거리며
비 맞으며
성근 잎새 벌레를 찾아 먹는다

을씨년스런 바람과
뒤섞인 회색빛 공기가
촉촉이 물기 머금은
땅 위에, 지붕 위에
가을비가 내린다

사계절을 노래하는
어느 음악가의
웅장한 음계가
오선지에 떨어지며
진한 가을을 노래한다

까닭 없이
낙담한 우산 위로
뚝뚝 토닥이며
내 어설픈 얼굴에
조용히 가을비가 녹아내린다

황혼

어제 같은 육십 년
한걸음 또 한걸음
걷다 보니
움푹 파인 내 발자국
징검다리 아래로
흐르는 세월을
동무 삼아
같이 가고 뛰어가며
건너온
조그만 굴레골* 안에서
내 인생은
붉은 석양속의
어깨에 스카프를 두른
화려한 외출이다
이 순간은
꿈을 먹는
아름다운 시간이고
꼭꼭 숨겼던
유리구두를 꺼내 신고
왈츠를 추며
또 한번

황홀한 꿈을 먹고
반세기 꽃피운 가지가지
끈끈한 삶의 마디 속에
향기로운 꽃향기로
옷고름을 맨다

*이민 30년을 똑같은 직업으로 생활하는 나만의 둥지

바램

마음 깊은 곳
절망의 벼랑에서
등짝에 마실 물 육봉에 가득 담고
모래바람이 뒤섞인 곳
내 목에 걸린 방울소리와 함께
사막을 홀로 걷는
낙타가 되고 싶다

먼지를 풀풀 털고
가끔 미소를 지을 수 있는
그런 텅 빈 마음에
고마움을 가득 담아
사랑을 실천할 푸른 들판이
나왔으면 좋겠다

내리쬐는 햇빛을 감당하며
별 내리는 거대한 사막에 누워
푹 안기고 싶은 나
알갱이 날리는 사막
한가운데라도 작은 안식처가
있으면 좋겠다

그런 곳에
큰 오아시스는 없어도
내가 절망하지 않는
조그만 위로의 오아시스를
찾을 수 있는 곳이라면 좋겠다

연가

세상이 떠나가도록
목젖을 내놓고
크게 노래했다

인생은 지루하지 않다며
내 안에 있는
젊음을 위해
힘차게 노래했다

언제부터인가 가슴설레며 부르던 사랑가를 이제는 부르지 않는다. 따지고 보면, 세월이 흘러버린 만큼 청명한 달빛은 차갑고 삭막하다. 환갑을 넘긴 나이인데도 TV에서 흘러나오는 연가를 들으면 슬퍼진다. 그러면서도 어느덧 밤에 속삭이듯 노래를 살짝 불러본다. 가슴이 뜨거워진다. 바위처럼 단단했던 내 맘이 녹아내린다

5부 / 단벌 신사

사랑

어느 겨울
한참 추운 겨울입니다
난 너무 뜨거워서
윗도리를 벗어 던집니다
응달진 내 가슴에는
애초에 없을 것 같은
사랑이 찾아 왔습니다
눈물이 흐릅니다
마음속에 차곡차곡
넣어주신 당신의 말씀,
믿음
소망
사랑
따뜻한 햇살이
나를 감싸 주십니다
날개를 주셨지요
그 중 사랑은 제일이라
하늘로 날아다니며
씨를 뿌리게 합니다
불쌍한 영혼들을

찾아갑니다
당신의 손길은
영원한 사랑입니다

소망

간절한 마음으로
주님께로 나아갑니다
기쁨의 소망이
주님 안에서
이루어지길
매일 밤
온몸을 다 받쳐
기도합니다

주님은
저의 맘에 항상 와 계십니다
무릎 꿇고
머리를 숙여 경배합니다
저의 기도는
솔로몬의 영화보다
당신을 찬미할 수 있는
들에 핀 한 송이의
백합이 되게
온전히 들어주소서

절제

마음의 사치를
벗어주소서
나의 길을 똑바로 보게 하시고
곁길을 걷지 않게 하옵소서
당신이 만들어주신
길만이 내 길임을 알게 해주소서

저희는 항상 오만함의 왕관을
머리에 쓰고자 합니다
부디 겸손의 마음이 되어
순결한 자녀가 되고
아버지의 품에서만
숨 쉬는 세상의 소금이 되게 하소서

조금 더 아래로
조금 더 적어지고
오직 당신만 커지는
나의 믿음
영광의 나로 살게 하옵소서

단별 신사 십자가

스테인드글라스의
영롱한 색채가
마음속에 십자가를 그린다

머릿속에 맴도는
회개의 사건들이
적나라하게
공중에 펼쳐지고

세상의 구름다리를
이리저리 타고
노닥거리는 방랑자의
노랫소리는
끊어질 듯 달랑거리는
믿음의 밧줄이
받치고 있다

어떻게 살 것인가!

성령의 갑옷만 입으면
됩니까?
그 옷이면 됩니까?
그렇다면
누더기 단벌 신사라도
저는 좋습니다

주일 스케치

오늘은 부활의 기쁜 날
무거운 모든 걸 던지시고
미소 지으며
두 팔로 우리를 안으신다

엉킨 실타래가
주전자 주둥이에서
뜨거운 성령의 옷을
덧입고 태어나듯이
말세의 인간들이
죄의 사슬을
끊어버리는 날

머리를 숙이고
두 손을 모은다
하루하루 베푸신
은혜가 고마워
감사의 기도를 드린다

기도하는 마음

세상의 길에
주님의 길을
같이 가게 하옵시고

허황한 욕심에서
겸손의 옷을
입혀 주소서

무릎 꿇고
울며 기도하는
한나의 외침을
들으시는 주님

하루하루
저희의 삶 속에
새날 주옵시고

항상
기도하는 마음으로
살게 해주소서

이 또한 지나가리라

거룩한 주님의 말씀이
이 멍든 마음을
살포시 만지신다

굶히고
구부러진 마음을
펴시고 어루만지시어
세상의 모진 바람이
잘 지나가도록
인도하시도다

눈을 들어
하늘을 본다
거룩하신
그분의 모습이 보인다

두 손을 모으고
감사하는 마음으로
마음을 올려 드린다

내 마음에 들어와 계셔
말씀하신다
세상의 모든 풍파
이 또한 지나가리라

드디어
하늘이 맑아진다
화알짝
마음에 해가 뜬다

가시면류관

똑
똑똑
똑똑똑
빨간 피와 뒤섞인
주님의 영혼이
십자가를 적신다

죄로 얼룩진 세상이
주님께 머리를 조아린다
천지가 진동하고
하늘은 두 쪽으로 갈라진다

그 소리는 진정
고요하고 잔잔한 소리이지만
세상을 덮을만한
강렬한 그분의 신음이다

갈보리 언덕 위에
영원히 지지 않는
불멸의 빨강꽃이 피었다
주님이 피 흘리심으로….

오래 참음

창세기부터
요한계시록까지
이 오랜 시간 하나님께서는
불쌍한 영혼들을 위하여
사랑으로 오래도록 참으셨습니다

어릴 적 엄마의 냉가슴앓이도
시간이 지내놓고 보니
곱디고운 모습으로 노년을 보냈습니다
사랑의 오래 참음은
참으로 맑은 생수입니다

땅을 깊숙이 파면 팔수록
맑은 물이 나오듯
맛은 더욱더 시원하겠지요

어느 결혼식 축가가 생각납니다
사랑은 언제나 오래 참고…

오래 참는 것은 아프기도 하지만
진정한 사랑이 내게 오는 것이라고 믿어 봅니다

화평

주님
평안의 안식 주심에
감사드립니다

이 시간 너무 많은 회개와
온전치 못한 생각 들을
모두 내려놓습니다

주님께 받은 삶의 모든 것이
축복이고 거룩함입니다

주님 안에서
하나 되는 우리가 될 수 있도록
주님 도와 주시옵소서
샬롬!

자비

아버지
안식일에도 병마에 시달리던
여자를 고쳐주시고
저희들의 조그만 기도도
응답하여 주시는 주님

아무 조건과 이유,
자격 없는 저희들을
자녀 삼아주시고
마음의 가난을
부자로 만들어주신
만 왕의 왕이신
하나님을 경배합니다

아버지 간절히 비옵기는
아버지의 자비하심을
누군가에게
베풀 수 있는 제가 되기를
간절히 기도합니다

양선

아버지
세상에 어지러운 시험에 빠져
힘들어하는 친구에게
세상의 빛으로 오신
주님께 올 수 있도록
저에게서 믿음의 행함을
덧입혀 주옵소서
저와 제 친구가
주님의 선한 길로
가기를 간구하나이다

충성

하나님을 경외하는
삶을 살겠습니다

하나님을 내 마음속에
주인으로 모십니다

마음과 힘과 성품을
다하여 하나님을 섬깁니다

하나님은
저의 전부이십니다

온유

아버지
성령의 열매를 주셔서 감사드립니다
이 시간 많은 회개와
눈물을 올려 드립니다

돌밭 같은 마음을 가지고
좋은 열매를 바라고
원망과 비판이 앞설 때가
많았습니다
노(怒)하기를 더디 하라는 주님의
말씀을 잊어버리고
자녀들 앞에서 화를 많이
내었습니다

축복의 말
마음의 온유를 바라고
범사에 감사하는
따뜻한 주님의 자녀가
되고 싶습니다

희락

주님은
살면서 항상 기뻐하라 하셨는데
그렇지 못할 때가
너무도 많습니다

어린 자녀가
벽에 붙어 있는 성구를 보고
가끔 저희 부모들을
일깨워 줍니다
"항상 기뻐하라!"

빌립보 교회를 생각하며
어느 상황이든지
성령의 열매를 생각하게 하고
바울의 고통 중에도 기뻐하는
삶을 살 수 있도록
도와주소서

어린 자녀의
흰 눈같이 깨끗하고
정직한 믿음이
희락의 열매입니다

평론

사랑으로 쌓아올리는 행복의 빛깔

— 유경순의 제1시집 『재봉틀 앞에서』

사랑으로 쌓아올리는 행복의 빛깔

– 유경순의 제1시집『재봉틀 앞에서』

강정실
(평론가, 한국문인협회 회장)

1. 들어가기

바야흐로 짧은 글이 유행하는 시대다. SNS가 이를 부추긴다. 길거리나 차 안에서도 다들 스마트폰 화면을 보고나 단문소통 하는 모습에 익숙해져 있다. 이른바 스압(스크롤 압박)을 느낄 만큼 짧은 글과 긴 단어를 줄여 소통하는 데 익숙하다. 이런 변화의 징후는 젊은이의 경우 더 두드러진다. 바야흐로 디지털 기술의 발달과 종이보다 스크린에 더 친숙한 시대. 호모스마트쿠스라는 말이 무색할 정도로 텍스트, 오디오, 인터넷을 이용하거나 융합한 방식으로 급진화하고 있다.

이 탓에 우리들의 손에서 책이 스멀스멀 멀어지고 독서가 이젠 책 밖으로 빠져나오고 있다. 움직이는 삽화, 듣는 시(詩)가 더 익숙한 시대가 되었고 사진에 짧은 시(詩)를 입혀 감상하는 시대가 되었다. 하지만, 아무리 시대가 변하고 있더라도 이런 짧은 글 중에도 옥석은

가려져야 할 것이다.

문화체육관광부(2019. 10.1)에 의하면 성인 48%가 1년 동안 책 한 권도 안 읽는다. 작년 독서량 6.1권, '2019년 국민독서 실태조사' 보고서를 보면 지난 1년간(2018년 10월 1일~2019년 9월 30일) 성인의 종이책 연간 독서율은 52.1%, 독서량은 6.1권으로 2017년 조사와 비교하면 각각 7.8%포인트, 2.2권 줄었다고 했다.

이렇게 급변하는 시대에도 화자 유경순은 종이에 한 자씩 실타래를 엮듯, 한 권의 시집 『재봉틀 앞에서』를 만들어 냈다.

2. 내면에 들어가 그림 찾기

아지랑이 아른거리는
짧은 봄날의 이야기
손안에 꼭 잡고
놓지 말걸

어느새 빠져나간
봄날의 햇살은
꽃샘바람 속에
밀리고 말았다

마음이야 오죽하랴
눈을 감고
곱씹어 보아도
청춘은 가는 것인데

다시 불을 지핀다
까맣게
재가될 때까지

청춘이라는 두 글자
다시 마음속에 심는다

— 청춘, 전문

화자는 스물아홉 한창 활짝 핀 꽃다운 나이에 미국으로 이민 왔는데 어느새 이순(耳順)이 되었다. 세월이 참 빠르기도 하다. 파릇했던 청춘의 꿈은 이미 지나갔고 기억을 먹고 살아야 하는 나이가 되었음을 한탄하는 시다.

로마 시인 오비디우스 (Ovidius Publius)는 "인간 영혼은 새로움을 향해 계속 기운다."라고 했다. 강가의 물은 뒷물결이 앞 물결을 밀어내듯 세월은 쉼 없이 흘러간다. 기운다는 것에서의 변화를 불변의 존재로 인식할 것이 아니라, 끊임없이 지속하는 새로운 혜안의 정

곡을 말한 것이다. 그러나 세월은 무심하게 흘러가고 봄날이 쉽게 손에서 빠져나가는 애절함은, 살아온 과정과 현실이라는 절박감을 넘어 청춘이라는 자유를 그리워하게 됨을 어찌하랴.

어제 같은 육십 년
한걸음 또 한걸음
걷다 보니
움푹 파인 내 발자국
징검다리 아래로
흐르는 세월을
동무 삼아
같이 가고 뛰어가며
건너온
조그만 굴레골※ 안에서
내 인생은
붉은 석양속의
어깨에 스카프를 두른
화려한 외출이다
이 순간은
꿈을 먹는
아름다운 시간이고
꼭꼭 숨겼던
유리구두를 꺼내 신고
왈츠를 추며

또 한번
황홀한 꿈을 먹고
반세기 꽃피운 가지가지
끈끈한 삶의 마디 속에
향기로운 꽃향기로
옷고름을 맨다

– 황혼, 전문

화자는 1987년 남편과 함께 뉴욕에 정착하고는 30년 넘게 평생직장인 세탁소에서 일하고 있다. 똑같은 길로 자택과 세탁소로 출퇴근하며 나만의 공간, 세탁소가 굴레골이다. 이 자리에서 사계절을 맞이하며 손님들을 상대하다 보니 움푹 파인 세월이 이곳에 고스란히 남아 있다. 어디 좋은 일만 있었으랴. 이곳엔 끈끈한 삶이 있고 아픔도 있어 그 마디마디에는 인생이 있는 것이다.

그래도 이곳 생활터에서, //붉은 스카프를 어깨에 두른/석양의 화려한 외출이다/꿈을 먹는 아름다운 시간이고/꼭꼭 숨겼던 유리구두를 꺼내 신고/왈츠를 추며/또 한 번 황홀한 꿈을 먹는다//는 굴레골에서 위로받으며 단단한 옷고름을 매고 있다고 고백한다. 잔잔한 위로, 건강한 사고, 진솔한 사유의 세계가 독자를 감동의 파동 안으로 이끌게 한다. 평범하지만 결코 평범하지 않는 〈황혼〉을 노래한 이 시(詩)는 위안이 아닐 수 없다. 이를 두고 어찌 시문학성을 운위하겠는가.

차마 말로 하기가 어렵습니다
글로 쓰기는 더욱더 힘이 듭니다
계속 보일 것만 같아서
차라리 잊어버리려 합니다

나누었던 수많은 언어는
허공 속에 흩어지고
아름다웠던 세월의 기억은
철저하게 퇴색해 버리고
매듭지어진 쌍고리는
배반으로 끊어져 버린
실타래가 되었습니다

바람이 뺨을 스쳐 갑니다
뒤돌아 봅니다
슬픔과 배반의 그림자가
길게 따라옵니다

– 배반, 전문

화자는 //차마 말로 하기가 어렵습니다 /글로 쓰기는 더욱더 힘이 듭니다/계속 보일 것만 같아서 차라리 잊어버리려 합니다/ 나누었던 수많은 언어는/허공 속에 흩어지고/아름다웠던 세월의 기억은/철저하게 퇴색해 버리고/매듭지어진 쌍고리는/배반으로 끊어져 버린/실타래가 되었습니다//라고 고백한다.

가다머(H. G. Gadamer)는 인간은 과거를 회상하는 존재, 과거의 사실을 재해석하는 것은 기획이라 했다. 즉 새것은 헌 것이 되고, 헌 것의 아픈 추억은 새것처럼 나타나기도 한다. 〈배반〉이라는 제목에서부터 나타나듯 인간과 인간 사이에서는 좋은 일만 있는 것이 아니다. 인간적인 신뢰상실감은 이 세상이 존재하는 한 항상 존재한다. 남녀 간의 사랑이 아니더라도, 사랑했던 '이'의 존재와 사랑을 주고 받는 참여에서 사건이 일어난다. 이 참여에는 '나'라는 존재도 당연히 사랑받아야 한다. 그러나 '그'를 다시 부름으로써 '나'도 비로소 '우리'가 창조된다. 그리하여 '우리'라는 하나의 공통존재(co-esse)가 형성된다. 이런 의미에서 사랑은 이미 존재론적이며, 사랑은 자신의 존재에의 참여가 신에게로 돌아감, 곧 구원이기에 하나님은 사랑이시다. 나, "사랑만이 구원이다." 말의 진정한 의미가 있게 된다.

싸늘한 봄날 속에
담벼락에 곰상스레 올라온
초록 이파리
군데군데 피어난

하얀 꽃 보라와
계면쩍은 미소 짓는다

머나먼 이국땅에 피어난
외로운 송이송이
각고의 고통 속에서도
긴 하얀 목젖은
우리의 기쁨과
위안이 된다

찬 서리 오기 전
나의 작은 소망은
말없이 초록의 옷을 벗고
따뜻한 다음의 계절을
변하지 않는 맘으로
무궁화 꽃이 피기를 기다린다

– 무궁화, 전문

이민 와서 어렵사리 고생하며 장만한 자택은 옆집과의 담은 아예 무궁화나무다. 고향을 잊지 않기 위한 것인지 담 전체가 무궁화로 총총히 심어져 있다. 어느덧 겨울이 가고 담벼락에는 초록빛 이파리가 돋아난다. 화자는 머나먼 이국땅에서 외롭게 피어나는 송이송이의 새삶을 보게 된다. 각고의 고통 속에서도 만개한 꽃을 기다리며 기쁨과 위안이 되는 새싹을 조심스레 만져 본다. 이는 나이가 익어감에 따라 어떠한 인연이 있는 조그마한 것에도 고향과 가족을 연관시키고 관심 두는 것은 인지상정이다.

시인 백석은 '…새끼손톱 길게 돋은 손을 내어 묵묵하니 한참 맥을 집더니/문득 물어 고향은 어데냐 한다'. 시인 이생진도 /'서당집 큰 미루나무서 있던 자리…지금쯤 그 자리는 누구의 이름으로 되어 있을까/라며 잊혀가는 고향과 늙어가는 자신을 한탄조로 시화화했다.

이곳에 오면
남색의 호수 위에
달과 별이 함께
춤추는 광경을 볼 수 있다

호수의 여왕답게
파라다이스 위를
한발 한발 걷다 보면
호수 깊이만큼
내 인생 여정이
투명해진다

호수를 감싸고 있는

주변 숲을 향해
두 눈을 크게 뜨면
또 다른 길이 열려 있고
별무리가 휘황하게 빛난다

어슴푸레한 어둔 곳에
어린 왕자의 별이
불시착한 깊은 숲 속을
향해 가면서
비행기 수리가 너무 늦다고
외쳐댄다

— 레이크 조지, 전문

이 작품은 2020년 한미문단 겨울호에 실렸던 내용이다. 레이크 죠지(Lake George)는 뉴욕 북부에 있는 작은 호수다. 화자의 자택과 3시간 정도의 거리에 있다. 바쁜 생활 중에도 가끔 이곳에 오면 도시에서 볼 수 없는 깨끗한 하늘과 맑은 호수의 정경을 맞게 된다. 낮에는 붉은 태양이 떠있고 밤이 되면 숲 속 사이로 부는 바람이 인다. 화자는 흔들리는 나무숲을 보며 생텍쥐페리(Antoine de Saint−Exupery)가 불시착한 곳에서 비행기 수리가 너무 늦다며 외쳐댄다고 표현한다.

우리의 머릿속에서 보는 서정적인 사물은 본향(本鄕)

과 같다. 마치 동화처럼 마음이 편해진다. 이런 곳에는 가슴 속 깊이 묻어주었던 삶의 궤적을 스스럼없이 이야기하게 된다. 괜스레 평자(評者)도 화자와 함께 그곳 호숫가를 한 발 한 발 걷게 됨을 느끼게 한다.

아침마다 화장을 곱게 한 후
머리를 가지런히 빗어 뒤로 묶고는
수수한 원피스 차림으로
일터에 간다

처음 재봉틀 앞에 앉던 날
손이 떨리고
페달은 다리에 힘을 줘서
속절없이 눌러 버리고는
하염없이 좌절했던
마음 구석구석에 낀 때들을
가끔 기억해 내고
재봉틀 앞에 앉아 계신
엄마를 생각한다

엄마의 손끝은 뭉툭했지만
요술봉 같아
빨간 자개 손틀에서
덜덜덜 돌아가면
꽃무늬가 예쁜 포플린 옷감은

원피스가 되고
치마가 되면
나는 그 옷을 입고
동네에 나가 자랑했다

한땀 한땀
건너뛰면서 다시 그 자리로
지우개로 지우며
인내를 꿰맨다
삶을 꿰맨다
인생을 꿰맨다

– 재봉틀 앞에서. 전문

화자는 1986년 한국에서 결혼하고 이듬해 임신한 몸으로 남편과 함께 낯선 미국 뉴욕에 도착한다. 그리곤 부동산에 나와 있는 세탁소의 위치와 내부를 구경한다. 이곳이 나의 영원한 직장이라 결심하고는, 세탁소 직원으로 시작해 지금까지 세탁소를 운영하고 있다. 그러면서 딸은 신경 심리학 의사, 아들은 마케팅 회사에서 일하는 사회인으로 만들어 냈다.

같은 세탁소라도 목 좋은 곳에 옮기고 싶은 욕망도 있었을 터이다. 그런데 내 건물이 아닌 남의 건물에서 30년을 이곳 한 곳에만 있으니 참으로 대단한 일이 아닐 수 없다. 강산이 세 번이나 변했는데도 말이다. 더욱 놀라운 것은 지금도 매월 빠짐없이 꼬박꼬박 월세를 내며 세탁소를 운영하고 있는 것이다.

오늘도 두 부부는 이 세탁소에서 사랑으로 쌓아올리는 행복의 빛깔을 꿰매고 있다. 화자는 이곳에서 재봉틀 기술을 익혔고, 남편은 손님의 옷을 빨고 매일매일 다리미질한다. 이렇게 세월을 보내다 보니 어느새 남편과 함께 이순을 맞이한다. 그랬으니 이 세탁소 안에는 희로애락과 남편과 함께한 삶이 고스란히 묻혀 있고, 감수성이 넘치는 시가 세탁되는 곳이다.

어느덧 35년을 훌쩍 뛰어넘었다. 만삭의 아내를 데리고 커다란 이민 가방에 미역과 고춧가루 아기 이불 기저귀를 짐칸에 넣으면 잃어버릴까, 어깨에 메고 뒤뚱거리는 아내를 손잡고 오던 날. 몇 번 비행기를 갈아타고 시카고 경유 허름한 호텔에 들어서서 남편 어깨에는 시뻘건 피멍이 든 걸 알았다. 피곤해 침대에 쓰러진 모습이 얼마나 든든했던지 젊다는 것 하나가 그냥 멋있기만 보였다. 기댈 수 있는 커다란 버팀목이었다. 세월은 달리다 못해 날개까지 달고 나른다. 30여 년을 하루같이 앞만 보고 달려온 날들이 코로나 때문에 잠시 정지해 버렸다. 그 패기 용기는 간데없고 갑자기 의기소침해졌다. 희끗희끗 흰머리는 머리숱이 없어 바람에 휘날리

고 익숙지 않은 추리닝 옷차림은 왜 그리 초라해 보이는지. 세월이 혼란해 이런 세월을 사는 것은 남편의 책임이 아닌데 너무 힘이 없어 보여 속이 상한다. 오늘은 시키지 않은 설거지를 한다고 싱크대 앞에 서 있다. 하지 말라 해도 가서 쉬라며 고집부린다. 오늘따라 남편의 뒷모습이 더욱 애처롭게 보인다. 한국의 고유한 육십 대 후반의 남자의 자존심은 생각에 꼬리를 무는 모양이다. 이젠 일을 놓고 하고 싶은 일 해야 할 나이인데 …….

"그렇게 안 해도 돼요"

"당신 잘못이 아닌걸요!"

– 남편의 뒷모습, 전문

혼자가 아닌 가족이라는 공동체로 함께 걸어간다. 김시탁의 시, '사는 게 꼭 정기적금 같다'는 시구가 불현듯 떠오른다. //원금 갚고 이자 물고/제날짜 넘기면 연체료 물고/정기적금은 벅차면/해약도 하지만/우리 삶은 지치면/중도해지할 수 있을까/살아온 시간 정산하고/살아갈 시간 반납하면/해약할 수 있을까/해약 환불금 같은 것도/받아낼 수 있을까/사는 건 꼭/평생 상환 사채 대출 같은 것//

〈남편의 뒷모습〉은 시형식을 차용한 서사시다. 생각지도 않았던 코로나 팬데믹이 장기간 이어지다 보니 모든 사람들은 외출을 자제한다. 직장에 근무하는 업무도 집에서 재태크 근무하게 되는 세상이 되었다. 이러다 보니 세탁소는 직격탄을 맞게 될 수밖에 없다. 세탁소의 일이 줄어들다 보니 남편의 위치는 조금씩 존재감이 위축되며 기(氣)가 죽는다. 괜스레 앉아 있기가 미안한지 안 하던 설거지를 자청한다.

우리의 인생을, G. 마르셀은 존재의 세계는 모든 것이 교유하고, 모든 것이 인연으로 맺어져 있다고 한다. 공동 존재를 정립한 것이다. '우리'와 같은 상호적 개념은 '나' 같은 주관적 개념보다 언제나 앞서게 된다. 예술도 억압된 대리적 충족이며 그러한 목적에 이르는 수단이라고 보는 심리학적 예술관도 작품 생성의 조건으로 인과적 설명을 시도한다. 이러한 탐구는 너와 나를 동일 선상에 놓아야 작품 이해가 정당해진다. 화자 유경순도 노년에 들어서며 자기성찰과 존재의 자각을 사랑과 이해를 통한 인생의 통찰로 이루어진다.

창세기부터
요한계시록까지
이 오랜 시간 하나님께서는
불쌍한 영혼들을 위하여
사랑으로 오래도록 참으셨습니다

어릴 적 엄마의 냉가슴앓이도

시간이 지내놓고 보니
곱디고운 모습으로 노년을 보냈습니다
사랑의 오래 참음은
참으로 맑은 생수입니다

땅을 깊숙이 파면 팔수록
맑은 물이 나오듯
맛은 더욱더 시원하겠지요

어느 결혼식 축가가 생각납니다
사랑은 언제나 오래 참고…

오래 참는 것은 아프기도 하지만
진정한 사랑이 내게 오는 것이라고
믿어 봅니다

– 오래 참음, 전문

화자는 30년 가까이 교회생활을 하고 있다. 인류는 지금까지 전통적인 것의 가치를 인정하면서도 한편으로는 끊임없이 파괴적인 변화를 추구한다. 종교적인 변화에 가속도가 붙어 제어의 필요성이 요구될 때 이를 위한 조치는 단호하다. 성경을 달리 해석하고 통제가 안 될 때에는 탈 중심 다원적으로 자기들만의 평등의 세계로 모이게 된다. 이런 힘은 항상 하나가 아니라

뭉칠 때 존재한다. 화자는 유교에서 과감하게 탈퇴한다. 어쩌면 키치(Kitsch)가 말하는 대로 세상은 잡다한 싸구려 그림, 이발소 그림이나 조악한 것이 판치는 세상으로 생각했다.

그러나 모든 형식에서 벗어난 진실에는 오래 참음(인내)과 용서 그리고 사랑이 필요하다. 화자도 어릴 적 어머니가 경제적 문제로 냉가슴앓이를 했음에도 사랑의 인내로 고운 모습으로 노년을 보냈다고 한다. 이를 목격한 화자는 인내는, 참으로 맑은 생수라 한다.

사랑의 오래 참음은
참으로
스테인드글라스의
영롱한 색채가
마음속에 십자가를 그린다

머릿속에 맴도는
회개의 사건들이
적나라하게
공중에 펼쳐지고

세상의 구름다리를
이리저리 타고
노닥거리는 방랑자의

노랫소리는
끊어질 듯 달랑거리는
믿음의 밧줄이
받치고 있다

어떻게 살 것인가!

성령의 갑옷만 입으면
됩니까?
그 옷이면 됩니까?
그렇다면
누더기 단벌신사라도
저는 좋습니다

– 단벌신사 십자가, 전문

교회 창문에 붙어 있는 스테인드글라스는 밖에서 들어오는 빛에 따라 화려하게 변한다. 자신도 모르게 화려한 색채 속에서 상상의 세계로 빠져들게 한다. //세상의 구름다리를/ 이리저리 타고/ 노닥거리는 방랑자의 노랫소리는/ 끊어질 듯 달랑거리는 /믿음의 밧줄이/받치고 있다/ 중략/누더기 단벌신사라도/성령의 갑옷만 입으면 된다//고 한다. 의뢰하는 헌 옷을 수선하고 깨끗하게 하는 직업이라 단벌신사라도 좋다고 단언한다.

화자는 세탁소에서만 일하며 시간의 측면을 잘 조정한다. 일하는 곳에서 가족의 안녕과 하나님의 형상까지 만들어 낸다. 모든 세계 구축의 시가 창조되는 곳도 세탁소이다. 이러한 고유의 자기세계 구축은 내재적 동기가 극대화한 상태로 적절한 결합점을 찾는 곳도 세탁소이다.

3. 나가기

울창한 숲, 드넓은 들판이 품고 있는 자연의 위대함과 생명의 신비는 무한한 상상력을 불러일으킨다. 그렇기에 현대문명이 낳은 회색빛 도시에서 잠시 일손을 놓고 자연으로 들어간다. 이곳에 오면 살아 있는 여명의 빛을 보게 된다. 때로는 보드라운 풀밭을 맨발로 누비며 그곳에서 나고 자라, 숨 쉬는 모든 생명을 직접 보고 느낀다.

어느덧 자연에서 그리움과 사랑의 대상을 찾아낸다. 자연이 품은 정서는 출발점이 아니라, 삶 그 자체이다. 도덕경 6장에는 마음의 신(神)은 영원하며 위대한 어머니(玄牝)라고 한다.

시를 외우고 시 쓰는 것도 생명의 무늬가 살아 있음이요, 가치 있는 존재의 탐구일 것이다. 이는 생명의 울창한 숲에서의 열림이다. 어렵게 창작한 한 편의 시가 남들에게는 하찮게 보일지 몰라도 작가에게는 위대한 탄생을 위한 맺힘이다. 그곳에는 생명의 강이 이어지고 운명의 별이 새롭게 돋는 환희가 시속(時俗)에 언어적 미감으로 가득 차있다.

화자 유경순은 새로운 창작물에 자신만의 호흡이 있는 시, 고운 색깔을 넣어 아름다운 무늬가 표현되는 시가 계속 탄생하기를 기대한다.

한·영 시집
Korean · English Poetry Book

재봉틀 앞에서
In front of the sewing machine

유경순 · Yu, Kyongsoon

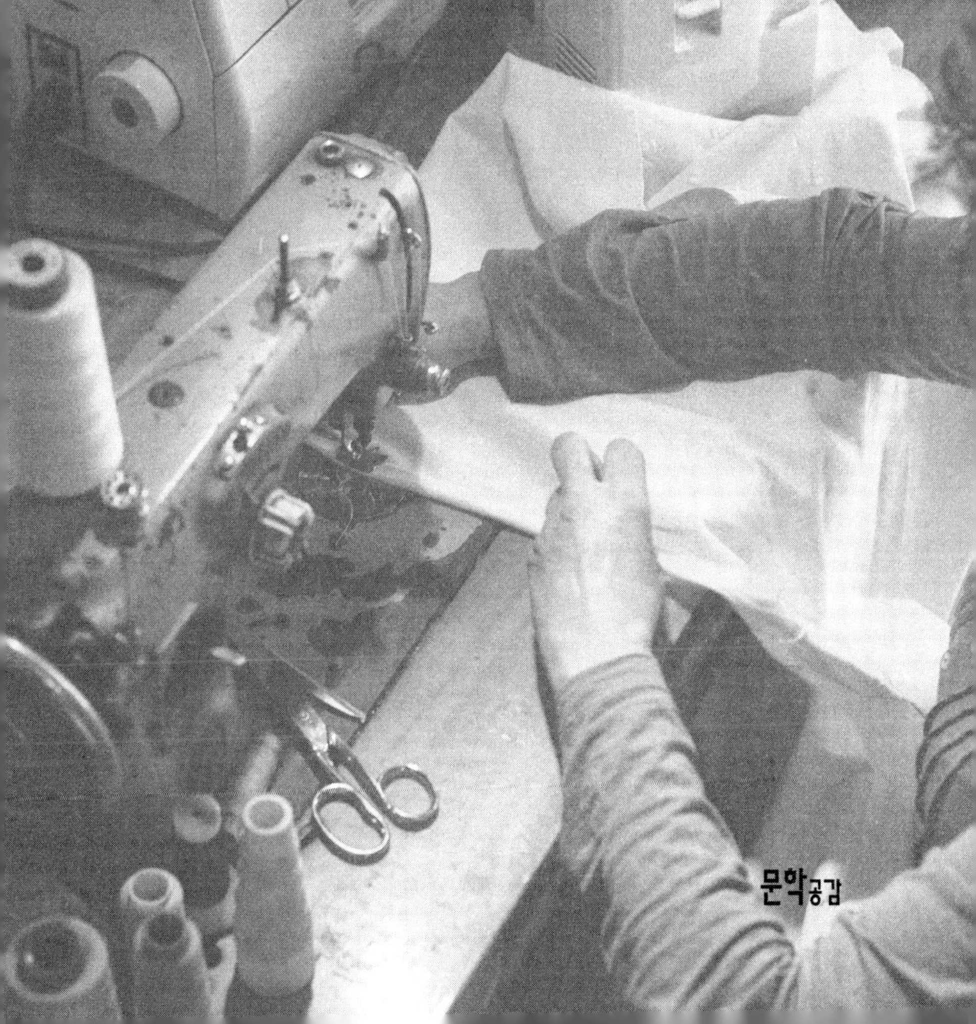

문학공감

Introduction

I gave birth to my daughter only one month after I immigrated to the U.S. Thirty-five years have passed since then, and I can recall every single event from this period. Though each day was a challenge, to me those days were precious and meaningful. Indeed, I have worked very hard every day for the past thirty-five years, welcoming the changes in seasons from my workplace.

Since 2020, however, the invisible Coronavirus in the air turned my life completely upside down. My workplace where I have worked diligently for over 30 years and all my plans for tomorrow as well as my dream of travelling the world after retirement were put on hold. When those would happen is uncertain for now.

I spent more and more time at home, isolated from the world. Thanks to that, however, I could catch up on my reading, which had been missing in my life a prior, and I started to write again. Though it has certainly been a difficult time, I could feel that, through writing, the sediments of some sort deep in my heart were finally melting down. I started all of this to console myself, but I cannot express how happy and grateful I am now that I have been able to read and write again these days.

During this period, I devoted my time to remembering my parents who are now in heaven and to reflecting on the paths I had taken, reading an old diary of mine one page at a time. My writings, which had been asleep in my old diary and in a small notebook of mine, have finally sprouted, becoming poems of love, and they are now being published into a book of poetry.

Due to the Covid-19 pandemic, it has become a time of adversity for many. For those of us who have dreamt of better lives, having marched only forward, our lives are now in limbo and pain, being absent of what had defined us previously. Thus, I would like to approach those who are now saddened, heartbroken, or lonely. I would also hope for my young son and daughter, who are living with boundless dreams and aspirations of their own, that the current pandemic will not have been a meaningless time for them.

Life is not easy, but our world is still beautiful. I believe that the world where we can walk around freely will soon be here and that beautiful days are ahead of us. I sincerely hope my readers reading this poetry book find happiness as well.

I thank the Lord who listens to even our smallest prayers in this very difficult time.

August, 2021

Kyongsoon Yu from New York

Contents

Part 2 : Longing

Part 3 : In Front of the Sewing Machine

Part 4 : The Vaccine Needle

Part 5 : A Gentleman with an Only Suit and a Cross

Part 1

/

A Song by Hibiscus

A Morning in March

The cold wind
Flapping its wings like a crane,
Opens the door of March.
The morning sunshine,
Broken into small pieces,
Forces the ice bow down to the ground.

On the hill, still covered in snow
The Aspirin-like white powder
Flying loose in the wind
Makes a whirring sound
All over the snow mark
Stretched far beyond the eyes can see
And shakes violently
The branches of Jopop trees.

Mugunghwa(Korean National Flower)

On one chilly spring day,
The green leaves
Having gently climbed up the wall,
With the white and purple flowers,
That bloomed sporadically,
Smile shily.

The lonely bunch
Born on a foreign land faraway
Even amid the agonizing pain
With its long white neck
Becomes our happiness
And comfort.

Before the cold frost arrives
My small wish
Undresses its green clothes quietly
And awaits Mugunghwa flowers to bloom
With an unchanged heart
For the next warm season.

Balsam

One hot summer night
We spread the white alum on a flat stone
With the pink and red flowers and their leaves on it
And grind it gently to put it on our nails
In a round, dome shape
And wrap them with plastic vinyl, secured by rubber bands
Staying up all night
Worrying that they might fall off while sleeping
As the nails dye in red
The night is getting dark with excitement
Taking a quick nap
As we happily wait for tomorrow
The world turns red
On our nails we decorated all night
And my little one becomes a pretty princess
In the land of balsam kingdom.

Invitation to a Summer Night

Darkness
Still awaits far away from here
The once glorious midday Sun
Under the scorching heat
Emits a wet light.

Living
Is being alone in one's soul.
At night,
Holding my sadness in the heart
To a lonely summer night
I invite you, whom I miss dearly.

Cosmos

Even at an early age of 6 or 7
There was puppy love
In my heart.
The book of poetry by Rilke
With a thick hard cover
Holding carefully with my two hands
Turing pages one by one
We sang together
The poet's songs.
The neighborhood from my youth
Cosmos flowers
At the corner of my elementary school
Standing there
For no reason
I became elated
For senseless longing and sadness.
When my face turned red
I would sit down
And cover my face
Not wanting to be seen by any.

Now at the age of 60
Cosmos flowers still make my heart flutter.
For as if my innocent heart of youth
That I hid in between the flower petals
Were exposed again.

This year in my flower garden
An armful of pink Cosmos flowers
Have bloomed again.

Standing on the Doorstep of Autumn

Standing on the doorstep of Autumn
I become lonely for some reason.
The welcoming heart of the sunflower
Dries up and becomes dark.
On the field once full of dianthus chinensis flowers,
Many unknown bugs
Are building familiar looking homes.

At this quite hour late at night
When I look up at the sky
Among the stars that fill up the cosmos
There is my empty space
The prolonged longing that was never fulfilled.
Again, this year
I may let it go empty-handed.

Winter Backyard

In the shadowy backyard
Playful throughout the season
The fallen leaves are flapping and rolling.

Though no one visits
Or lays her eyes on them
The trees in the backyard
Always hold their positions steadily
Whether windy and snow-flaky.

I toss my curled-up soul to the backyard
Over the windows
And became a friend with the trees.

I put myself out
In the winter backyard.
Whom might you be, dancing with the wind?
The leaves wave and welcome me with open arms.
Snow flurries have appeared.
The backyard is dressed in white.
Amid quiet silence
I bury my longing.

Lake George*

Whenever I visit here
I can see the sight of
The moon and the stars dancing together
On the surface of the navy-blue lake.

As the queen of the lake
As I walk on this paradise
One step at a time
The journey of my life
Deep as the lake
Suddenly becomes clear.
As I open my eyes wide open
Toward the neighboring forest
Surrounding the lake,
Another path opens its door
And the stars shine brightly.

As the night nears,
Heading toward the deep forest
Where the star of the Little Prince
Crash landed,
It shouts
That the repair of his plane is taking too long.

*Lake George is the lake adjacent to a
town of the same name in northen New York.

The Sound of Winter Approaching

White snow falling from sky
Covers the streets
And encompasses darkness and pain.
The sound of changing the world
The cold chill
Sneaks over the doorsteps,
As if a whine
Of a flower pot forgotten to be put indoors.
Once busy all day
The crowd has all but scattered
Only the grey-color air
Covers the entire earth.
Through slowing of human activities
Winter birds have all but flown away,
Surprised,
Leaving the dried leaves behind, scattered.
The songs of angels
Slowly dispersing
Throughout the gray sky
Make white satin clothes fly.

A Song by Hibiscus

The long black bushy hair
Of a dazzlingly beautiful woman
Blows in the wind.
Love and the pain of our history
With their fingertips touching together
Up and down in a round shape
The skirts full of sorghum leaves
And the moves of hula dancing
Let us forget of the unbearable days.
A time of patience
Well hidden, unrecognized by anyone
With a red flower on her head
Puts its foot down
As the life of a barefoot.
Glorious
Yet of a sour smell
Hibiscus
Is the taste of our lives.

The Beach in the Hamptons*

The fine white sandy beach
Like an innocent heart of a child
I tread with caution.
Hardened from this world
The dead skin on the soles of my feet
Having lost its senses for a while
The white grains of the sand
Trickling out between my toes
Add one more small happiness to my life.
The crashing waves
Touching my feet briefly
Leave hurriedly
Only to come back again.
The sea breeze steals my heart away.
I dip myself
In the blue sky
And I hide myself in the sand field.
There is a sky far over the horizon.
There is the sea and the sky in my hands.
The sea in the Hamptons
Makes me rich and happy.
The grains of sand sparkle, transforming into precious jewels.

*The Hamptons is a string of quiet seaside communities on eastern Long Island, NY.

Orchid*

At the end of its long stem
Four or five pink flowers bloomed
After a difficult time
Its broad leaves
As if to boast strength
Spread their arms.

After a long, long day
Of a woman,
With an added
Thirsty
Longing,
She looks at one place.

A beautiful time of patience

The pain it endured
Patiently
Transforms into round-shape leaves
And makes in turn
This stiff heart of mine
Round and warm.

*Orchid is a western plant.

Violet

How strange is it?
Every coming spring on this hill
Violet flowers show up in the haze.
Looking closely
When they started showing their faces
In them are full of love.

The yellow stamen inside the flowers,
The violet and light purple flowers and their leaves,
Among nameless weeds,
Though being pushed around in all directions
Show their smile, lowering themselves
And hiding their shyness.

When the spring breeze gently dances
Barely putting its head out
Wondering if this could be love
Violet sings affectionately in a low voice.

Baek-Il-Hong (Zinnia flower)

Fully bloomed Baek-il-hong
On the side of the housing block
With its leaves falling on the ground
Despite no wind
Makes a wet flower cushion.

Your loving look
Bloomed for 100 days
And your life, being born and dying
Leave maroon color memories
Under the blue sky.
After you leave us
With fond memories on your green leaves,
You leave us.

Magnolia

Soaking in the morning fog,
With your whole body
While the branches are still
Bare and skinny
Scarring each joint
Erupts a dragon burp.

Making buds without leaves
Though promised to come as a white flower
You wrap yourself in red rims
And stick out your lips unfazed
Facing the sky.

The sunshine in spring
Quickly disappears during the last cold snap
And a myriad of wishes
Flapping their wings
Hides in the buds.

Life wiggling,
Shaking off the wet feathers,
The pain of birth
Transforms into delight
Raising its tail feathers
Magnolia readies for its life ahead.

Part 2

/

Longing

A Boy's Wish

A boy with pure eyes
Is living with
A small wish
Keeping it in his heart.

Listening to the whispers
Of cherry blossoms that bloom at night
And with beauty and a simple heart
He wishes
To live in a garden
Where fog rises over water.

He wishes to love nature
To write poetry
And to have
A heart that cares for
The throngs of a giant cactus
As not to scar the longing heart.

In the morning
He wishes to
Write on a piece of paper
A lovely news from his dream
And fold it in a paper airplane
To fly it high in the sky
To his parents living up in heaven.

The boy
Cherishes in his heart
Memories he wishes not to forget
And writes them in his heart
A piece by piece.
He stores love in his heart.

Longing

At the end of summer
Autumn can be seen in the early morning air.
That something is going
While another new is coming
Makes me look up at the sky
Without my realizing it.

I plant in the flower garden
The autumn flower cosmos.
While carefully watering
I dream of red azaleas.

Coming and going is nature's way,
A fate and rationality.
Why do I long for
The warmth sitting on the stone wall
And the chirping of skylark?

Piano

When it rains
I sit in front of you.
Feeling melancholy
I tap on you.

Occupying one corner of the floor
Always watching me in silence
No matter what happens to me
You always comfort me
Staying put at the same place.

Wishing to get out to the ballroom
Yet the door remains closed.
Only the lonely sheet music
Is left there alone with you.
It must be one aspect of your life.

The sheet music starts to dance
The cover is now open.
And the band starts to play.
Black suits and white dresses
Hop on the Minuet.
Singing
That life is all yours.

Over the Hill

Over the hill
Is a place
Where every morning
The silhouette of thin rays of sunshine
Becomes the royal family of the world
Playing a beautiful fanfare
And small red-color birds
chirp and sing.

Over that hill
Is a place
Where there are feather clouds in the blue sky
And a herd of green-colored doves
Take a rest on gold-colored trees
And where the full moon
Big enough to bend the branches of a tree
Sightsees the world.

To my childhood friends
Let's hold hands together
And run to that place.
Over that hill is a place
Of nostalgic scenery and laughter.

But
I walk today as well
To look for the road over that hill
And I wonder
Why the footsteps of this sixty year old's
Have become too heavy.

Longing of the Wind

Making a familiar sound
To one fish
Hanging at the end of the eave,
A faint
Whisper of the wind
Makes its way in a circular motion
Deep into my heart.

Unfamiliar with it
And wanting to shake it off
The wind
Plants a feather
In the center of my heart
And flies away.

Old sentimental memories
Long Forgotten
And love stories
From an old radio
Leaves a long lingering feeling.

Dead?
Alive?
What about now?

The raindrops
Hopping onto the wind
Giving the world a gift of new clothes
And make the green leaves greener
And flowers bloom.
Today weighing heavily on me
The longing deep within
The wind buries it in me and leaves.

Sitting in Front of a Mirror

I smile.
Following the creases of the wrinkles,
Where traces of time
Have settled in deeply,
I put on makeup.

People say when over forty,
One should search for oneself.
That was already a long time ago.
My immature self
Still chasing rainbows
I have lived a life
That of a floating cloud.

Patting on the wrinkles hiding under the makeup
Reflected in the mirror,
I spray a healthy amount of perfume
Over my head
To be more honest with myself.

An Excuse

Staying up all night
By the cries of nameless insects
The long list of thoughts
In an unorganized mind of mine
Is being recalled one by one by the second hand of the clock.

Every single life
Has a mysterious meaning
And the autobiography of a person
Who had lived a tough life
As if mine, makes itself home in my heart.

Reconciling my whole life
Being tossed around as a half-knitted thread
And left as one blank space
To family
To health
To happiness
To life
To which line should I start kneading again?
Having been busy as an excuse
Holding one line
Often ending up in another
Leaves an empty laughter without an answer
And fated wrinkles.

A Pinwheel

Despite waiting
The wind is no longer blowing
And while people are
Busy going somewhere
The red and yellow pinwheels are
Taking their naps.

Despite screaming,
Blowing a whistle,
Or waiving hands
It is still a heavy afternoon
Where only dirt is flying in the air

On a ray of light,
Thinly shaped,
I lean temporarily
My whole body
And stumble.

Only the pinwheels
That are no longer spinning
Guard the middle of the day
By themselves.
In the dull sky
Dark clouds are forming.
This
Must be another form of life
And that makes me yawn.

Passing Through the Wilderness

Where should I go?
What should I remember?
All these paths make me dizzy in my head.
With my bare hands and little to wear
What is this weight that is hanging over my head?

Challenging myself and pondering,
The powerful steps I take in stride
Seem to lead to nowhere.
Here is where I need to escape away from
And all it needs seems just taking the first step.
But I am a squirrel, on a running wheel.

I put my two hands together.
I close my eyes.
But the paths I have taken suffocate me.
In a long-chained history
The gesture of the Sun
Guides me.

The wilderness must know the end.
In this big swamp called the world
I struggle and complain, try not to drown in it
To where there is an end,
To the place where there is a green forest
If I keep walking
Step by step
To the quiet place
Under the bright, warm sunshine
There, these burdens of mine
Shall no longer exist.

— Struggling due to Covid-19.

Love and Hate

The mountains and the oceans have not changed.
The seagulls and the birds are still welcoming
Just waking up from the morning dew and flying away to an unknown place.
The Hudson River in the sun was so bright, enough to blind my eyes temporarily.
The desperate voice of the depleted wife, you would call me up.
Dear Honey! I also cried with you.
The excruciatingly difficult times we overcame together
Have formed into tears, one by one.
When we argued and did not speak for days
I believe even those days were love.
Looking back, as much as what I could not say to you
We thought our time together would last longer than it did.
But I have not even been able to sing you a love song even once
Now that I've sent you to the other side, I am beyond out of sorts.
Your voice lingers and grabs me by the ankle
I could not bring myself to look back even to this day,
Since I will be seeing you again in the afterlife anyway.

*A poem about a church friend of the poet,
who longs for her husband died of Covid-19.

Autumn Ache

The once green leaves
Have turned red
All too suddenly
As if declaring their last love,
The red leaves fall off one by one
And pile up in an empty park.

Your whispers
Ever so vibrant
Ever so confident and bright
That you loved all things in this world
Have all faded
And crumbled defenselessly
In the face of tiny winds

The leaves scattered all over,
A dear
Having found a creek
And drinking a sip of water
Eyes at the piles of the leaves
All turned red and yellow
Turning its long neck
Trots back into the colorful mountain.

The Road to One

Dating back ten million years
In the valley where
Dinosaurs and giant plants lived in clusters
The winding narrow road,
Where one could never come back from, once there it appears,
Leaves countless many steps
And with tears and sighs
Creates time.

The stones are black and so is the soil
My heart as dark as a lump of charcoal
No matter how long I walk
Only grass catches my foot.
On the road
To never to turn around
I stop my journey.

Nameless flowers
That bloomed on the side of the road
Offering wisdom no one can understand
That life is about walking and walking some more.

So I shall walk
On the road in front of me.
As I march on
With my barefoot
I may be tempted to give in
Then I will rest and sit down.

Growing Old

When I close my eyes
Stars pour down on me
As the black curtain goes up
The orchestra's concerto
Signals a new night.

Still needing to finish my script
Still wishing to climb up the tall mountain
In this vast world
And to leave smiles of hope
As I look down at the houses looking as small as match boxes
But time flows like a chaff on the water.

Alone
Into the void air
I finally roar
Lamenting my growing old.

The deep stillness of the night
Adds new groans
To each of my tired joints
Now one day older.

How much time has passed?
As I finally find calmness in my heart
Hope has travelled to the west
And the day moon in the blue sky has risen.

Winter Pine

When windy and snowy
And the whole world freezes
Turning barren and bleak
Let us look at the pine trees.

When winter comes
The pine trees
Becoming ever more green
Sing a song of bright hope
And promise us for a tomorrow.

Embracing human fragility
That fluctuates as easily as the soft wind
The pine trees
Smile, dreaming of spring
With white snowflakes on their leaves.

Red Winter Flower

From the cold white breath
The withered red leaves
Resembling your tightly closed lips
Look perky.

Armored with
Fine thorns
And standing still
Unmoved by the wind
Wearing white clothes during snowy days
Dreaming of the scent of warmer days
It awaits spring.

Though far from are
The days of bright spring
Deep under the ground
Waiting for a warmer breath
Waking up the dried branches
It blooms red winter flowers.

Company

The long relationship,
Like ivy vines,
Along with time
Is keeping me company.

Life
Creates a new me
And chaotically
Enables a new day.

With my mind
Though small
And my shadow, smelling grass,
With its wings spread wide open
We are walking together.

I am you
And you are me.
Life at a distance
Enables our own solitude.

Part 3

In Front of the Sewing Machine

Dumplings

There is a white, day moon on my palm.
Just like playing jackstones from my youth
As if maneuvering those stones in my hand
I compact my life into the filling, and put it on the moon.

I make dumplings.
I make king dumplings.
Sweet and salty,
Spicy
Marinated with red Kimchi water,
How would this dumpling taste
Which resembles the lives of us?

Two rabbits pounding the rice cake mill
Are out to take a walk in the neighborhood
And the day moon sings about life.

The Last Day of the Year

The corner of
The last page of the calendar
Wrinkled as if it feels cold
Waves at me.
Having many I did not get around to
Not wanting to part with it
And to hold on to it
Not yet!
I waive my hand.
Time, ignoring me completely,
Standing at the edge of the New Year's Eve
Turns around and looks at me
With a wry smile.
I have now one more grey hair.

My Song

As cosmos reveals themselves
In mugwort color under the sunlight,
The memory of immense joy I felt as a young age
As I placed my just-born babies on my belly
Comes to back me naturally.

Remembrance as stronger memories than love
Stays in my heart, wriggling around.
A ray of sunlight borne out of it
As if reading a diary that ties yesterday
Approaches as deep longing.

When my two kids played outside playfully
I worked harder using Garak under this foreign sky
Despite my weak arms and legs
Facing all my sorrows straight on
To open a new breath of hope.

Especially today, reflected in a mirror
My hair may now be as grey as crushed garlic.
But as long as a ray of sunlight remains
My life will continue to burn
To keep adding more breaths of happiness.

Desk

The happiest time
A time of reflecting and finding myself
On the road with no end in sight
I search for
The road that culminates to a dot.

On the lap desk
My father bought for me when I was little
I expanded my imagination
Reading Aesop's Fables
And the diary I kept in the desk drawer
Is my most cherished treasure.

My many pencils and pens
Inside a round glass blow,
A magnifier and my computer,
And a few books
Are my friends
That I will be with for the rest of my life.

I look at myself again.
Though on my face
Appeared life's tiredness and wrinkles
In front of my desk
Is my place
That I wish to keep forever.

Love at Sixty

How precious is
Love at youth.
This rather bittersweet
And hopeless longing
I hide it deep in my heart.

I wish that
My love
Was everything
In my heart.
How greedy of me.

Like water springing every day
From deep in a well
That never runs dry
Even when poured all out.
The overflowing love that never runs out
My love
That cleanses with a warm heart
Even my unstructured words that contain throngs

As black hair
Turns grey
It means change no more
But
It is love.

Let us plant trees!
To bear the fruits of love
To grow love even bigger.

— Falling in love with poetry I love

In Front of the Sewing Machine

After I put on my makeup each morning
I brush my hair neatly, tied it back
And I head to work
In a simple dress.

The day I sat in front of a sewing machine for the first time,
My hands shook vigorously
And as my leg became stiff
I would press on the pedal for far too long,
Feeling deeply frustrated.
I remember sometimes
The scars left in each corner of my heart,
And I think of my mom
Sitting in front of her sewing machine.

My mom's fingers were stubby,
But magic wands they were.
When her red, hand sewing machine goes
Click Clank Click Clank
It would turn poplin garments, with flower patterns
Into the prettiest dress I ever saw
And I would wear the skirt, feeling elated
And head out to my neighborhood to brag.

Again, one stitch at a time
Back to the starting place again
Erasing marks with an eraser
I sew patience.
I sew living.
I sew life.

— Thinking of the opening day of our dry cleaner.

Wedding Anniversary

The long April calendar on the wall
And circling around the black, bold number
With a big magic marker
On the smaller April calendar
Sitting on the tabletop
Is a bright full moon.

The memory of the day
That we shall never change
Till death do us part
Arises melancholy
Amid the morning fog.
With the long years embroidering with laughter
Life is getting ripe.

Wearing the white veil,
The bride walks down the aisle.
The wrinkles of time
Hanging long down
Are walking together.
The back of an elderly couple with their shoulders hunched over
Though sorrowful
Must have been living a beautiful life.

Dried roses are piling up
Inside a large basket
Woven with passage of time
The leaves about to be broken with the slightest touch
Made into a quilt, sewn with life
To greet the moonlight
Are covering the years.

— April 5th, 2021, Our 35th Wedding Anniversary

Lunar New Year's Day

The morning of the snowy new year
I wear a red dress and colorful Jeogori
And a Baeja full of white fur
My mother made for me
With each stitching sewn with great care.

When Dduk-Guk with white and round-shaped rice cakes
Wearing yellow Zidane
Comes on the table for the memorial ceremony
We siblings would bow to our ancestors
While salivating uncontrollably.

My father, who would pray to our ancestors
Writing Jibang with a small calligraphy brush
In which heaven would he be right now?
My mother, who would make Rich punch
Along with cinnamon punch all through the night
Must be looking us down from heaven.

The world may be harsh and dangerous as some say
On this New Year's Day, I shall make Dduk-Guk
With love
And I will share some with the stars in the sky.
New Year's Day is for longing.
I long for all things that have been forgotten.

Mother

Yesterday, today
And tomorrow as well
My mother's portrait
Hung by the window frame and in the night sky

When I am ill
Or feel lonely at times
From living
In a foreign country,
I have a dream
Of my mother worrying
And wiping with her warm hand
My nearly 60 year-old face.

In the red sky
Displayed on the sunset
One thing I can never forget
Is my mother's warm heart.

Dongsim-Cho

A heart-warming melody of Dongsim-Cho
Played with an old violin,
His white fingers and vibrato
I would fondly watch my father as a child
Play the song.

The sad tune that flows in the song
Overlaps with my mother's gloomy face
"Music makes you hungry!"
With my mother's low voice,
The white thread of the bow fails to find its place
Making squeaky sounds
The violon vomits heartbreakingly
Faint screams.

My father's favorite song, Dongsim-Cho
That I began to understand as I was getting a bit older
Might have been
My shy father
Pouring out
The wings of his broken life,
I am still not certain to this day.

In a black and white picture
Whose edges turned yellow
An old gentleman, my father,
With his round glasses
Wearing his white fedora
Accented with a black line,
I miss him dearly today especially.
How can he look this loney?

The Back of My Husband

It has already been 35 years.
With his pregnant wife almost due and in his big luggage full of seaweed and red pepper powder
While carrying the baby blankets and diapers on his shoulders, worrying he might lose them if put in the luggage.
That day holding his wife's hands who was waddling like a duck
After a few connecting flights, transferring out of Chicago and settling in at a shabby hotel to stay the night
I then finally saw my husband's shoulder, deeply bruised,
Making me feel safe to see him knocked down on the bed, tired from the day's trip.
The fact that we were young even looked fashionable.
He was my rock that I could lean on.
Time now flies with its wings wide open, as if running is not fast enough.
The days we have marched together for over 30 years, having never looked back
Have now come to a halt, momentarily, due to COVID-19.
His ambitions and courage are nowhere to be found, and suddenly he became timid.
What little left of his hair, now mostly thin and grey, fluctuates with the slightest breeze.
And why does he look out of place when he wears

sweatsuits nowadays?
During this confusing time, it should not be his fault to live like this.
He seems down these days, and that hurts my feelings.
Today he is standing in front of the sink doing the dishes without my asking him to.
When I tell him to stop, he insists that I rest.
Today, my husband's back looks even more lonely.
A Korean man's unique pride in his 60s
Must have curled itself away, lost in deep thought.
He is at an age where he needs to retire and does what he has always dreamt of doing.

"You don't have to do that!"
"It's not your fault!"

— The pandemic caused by the COVID-19 virus

Gukhwa Bread Father and Daughter

Looking at an old picture of my daughter
Her brightest smile
Has an aroma that fills an entire room.
That can make me smile when looking at her happy eyes
And warm when holding it against my chest.

A lovely face with the prettiest nose
With a red flower placed on the few strands of her hair
Her lovely dress
Her especially long little finger
Thick lips that take after her father's.
From this moment on
My husband's love for her daughter was unmatched
Not wanting to put her on the ground,
He would take her to school on his shoulders
That pretty baby, after all these years,
Is forever my husband's baby.

Time passes by,
But in my husband's heart
He's all smiles on his face when thinking about his daughter
With her picture in my locket
I walk along the Garosu-gil in the moonlight
Life becomes a canvas of memories.

To Poet MokHyang

MokHyang
Even to this remote place
The beautiful and heartwarming
Melodies of life
Can be heard in echoes.

Not too big
Not too fancy
A humble yellow chrysanthemum
Becoming a bundle of flowers
Mokhyang with her little hands
Sends me a shy smile.

Today
Becoming a huge gift
I shall too have
Finally
A thankful heart.

To meet MokHyang
Who fills up
An empty space
With gentle grace
Makes the life of this writer
A thankful one.

Magic kingdom

As my sixtieth birthday trip, we visited the Magic Kingdom in Florida. It still has many of the rides we did not get to enjoy when we visited the last time with our kids. We reminisced that day and decided to try all the rides one by one. Everyone is worried sick that, despite my getting nauseated easily and could barely try the merry-go-round all my life, that I am trying all the scary looking rides.

We are at Allice in Wonderland. The characters from the movie approach us with a smile, and Cinderella in a princes dress dances and in her shiny glass slippers dances. Shouting "Never tried this in 60 years!" at least dozen times, I am on a boat that can drop vertically at moment's notice. My eyes become wide open and my mouth constantly screams. As if testing my limit, I exaggerate foolishly, and I also feel pure gut-wrenching excitement riding the big Thunder Mountain Railroad.

Indeed, I am surprised at myself. My husband's palm is soaking wet sitting next to me.

Next, I try the ride called Magic Carpets of Aladdin and see the world from above. The world runs and runs around as one singer said, and life is all about perspective.

Today I leave my old self at the door, the one who is constantly worried and becomes nervous at the smallest things. As I have lived my life this many years, should I not have become more mature in life, I ponder. That is correct, life begins at 60!

Soon, fireworks embroider the beautiful island.

My life
The second chapter of my play begins.

Injeolmi (A Korean rice cake)

Five days out till New Year's Eve
Is my birthday
A briskly cold time of the year
With bitter weather,
Windy
And constant flurries of snow flying around.

Mom always said I would live well and have a happy marriage
If she makes me Injeolmi
For each of my birthdays till I turn 10.
She would take rice to the mill to grind it,
Steam it with a Siru steamer
Making Injeolmi with her bare hands
And cover it with bean power
As my birthday rice cake!

My birthday breakfast
With seaweed soup and Injeolmi
My father would always have me
Bow to mother
Making the morning awkward briefly.
When I bow to my parents
It would make me feel like I was wearing a crown
And feel special all morning.

Every time I see soft Injeolmi
I begin to shed tears in sadness.
For in it
Is my parents' deep and precious love
That I only recognized these days.

Collecting Ring Stamps

I received a smartphone from my son as a gift. Though it is overwhelming for me as a computer illiterate to have this tiny computer on my wrist as I have my doubts whether I can use it as intended, but it looks fancy on me, so I feel good. As my son was concerned that I was becoming less active these days due to the pandemic, he asks me with a smile on his face to exercise regularly with the exercise app installed on the watch. I understand scheduled walking and exercise are essential for my health, but this evil system fills in rings on its calendar as if checkmarks after completing each daily exercise. Yet, I have never been able to complete this exercise program for a whole week. Perhaps I will never be able to complete it for seven days straight. Feeling embarrassed and weak, the watch makes me feel uneasy.

Five ring marks my grade school teacher stamped on my notebook! To achieve that happiness, and to keep my own promises, I shall whip and quench myself.

Part 4

The Vaccine Needle

A Childhood Friend

A playmate from my youth.
A friend of mine,
We used a seashell as a pretend bowl
And cooked rice with fine sand.

Gathered around in the shade
Of an oak tree in the village alley
Playing jackstones
Oh friends of mine whom I miss dearly

Cracking up and
Laughing without a care in the world
All have faded as time went by
As if we ever laughed like that
The soft hands of my friends
That are so far away
Can be felt
On the road that I passed by.

I wish to stand on that road again.
Wondering the whereabouts of my friends
Putting our arms around each other's shoulders
I wander around looking for them, now only in my memories.

Youth

A story of s short-lived spring day,
In which a haze shimmers,
I should have held on to
Inside my hand and never let go.

The sunshine of a spring day
Already exited
Was pushed back
By the cold breeze.

Which way I may feel
Whether running it in my head over
With my eyes closed
Youth declares farewell to all.

I start the fire again
Till it turns to
Black ashes.

The word Youth,
I plant it again in my heart.

Betrayal

Hard to bring myself to say it
Harder to write it in words
For it might be etched permanently
I should rather forget it.

Many conversations we have shared
All scattered away in the air
Beautiful memories of life
Have all but faded mercilessly
The double knots we created
Have now been broken by betrayal
And became but a thread again.

The wind touches my checks.
I turn around and look
And the shadow of sorrow and betrayal
Follows me at a distance.

An Escape from the Daily Life

I am out of breath, almost suffocating myself.
Thrown in an unfamiliar department store

Trying on a glamorous
Light purple dress
And a pink lipstick,
And with a pair of white heels on
I take my first step.

A stranger is standing in front of the mirror.

Having pressured my whole body, the suffocating feeling stares into an empty space.
As my heart overflows with ambitions, as I was getting older
My baggage gets bigger and my heart budges not.
Neither this way nor that way it appears
Only my shadow stays with me.

The day I must stay still
An escape from my daily life wears a ragged ribbon
And heads into
A market full of a bloody smell.

The Road In my Dream

(The Cry of a Poet)

Following a narrow small road
After passing three or four shallow hills
The crowded road emerges.
And on that road I am standing still.

At this moment, I am
Dreaming an unfiltered dream.

Barley fields on both sides of the road
Mostly left alone
Live with weeds
At the edge of a deserted land
Heavy-headed great millets
Are lost in deep thought.
Unnamed wildflowers
Tangled in yellow and white colors
Are covering
Purple violets.

The gentle breeze
Puts its arms around red dragonfly's
And touches the bottom of my earlobe.
I put down my backpack and sit on the ground.
The sunset caught nearly half of the Sun.
Suddenly I miss the red cheeks of my friend
Holding each other's hands and laughing
Walking on this road.

On this asphalt
and the smell of carbide
Left the time behind.
I open a poetry book
With a round shaped, faded, thick cover.
The cries of a poet from the letters
Jump out on me
And I am standing on that road.

Confession

Scooped up from the sky
I spray the blue paint into the gentle wind.
The days that have jumped over
And the times that have moved on, unfazed and meaningless
The wind that blew past left but little scars.

Again, I take a little piece off a white cloud.
But too far small it seems
For many lumps of
My greed
That I wish to hide

How long would it take to go away?
My hideous appearance
That rears its ugly face
Despite my reasoning and making deals with
Failing to stretch my cramped legs, with two hands put together
I final tripped over.

In the white space, hotly erupting
I draw again with the blue paint taken from the sky.
Reminding myself to walk straight,
I pull out the hidden sunlight
Buried in the footprints

Two shy hands held together in front of my chest
And the tears falling from my eyes
Cannot hear the mummer from my mouth.
I smile at the sky.
My face is reflected in the blue sky.

Zumba Lady

After hesitating for a long while, I step my foot inside the building.
My reflection in the mirror looks like a cartoon character, like the letter D.
Comforting and convincing myself that the newly opened gym only two blocks away from our store was open just for me, I make a promise to myself and join the Zumba class.
It is the first class, and I throw myself
To the tunes of ear-splitting Latin songs.
Then what happens?
My tired mind and body start to hurt.
My feet start to ache.
My head, feeling dizzy, makes my mouth dry.
I cannot no longer walk and is about to collapse.
I take my shoes off.
As I've worked my whole life for over 60 years, I have always thought I had led an active life.
I never imagined I would be knocked down completely from a single class of Zumba.
With my shoes off, I look like a defeated solider who lost in a battlefield.
Not to make the same mistake, I search the Internet at home.
Some ladies on YouTube seemed to do all the fancy

moves easily, so I assumed I could do the same with relative ease.

I must have looked the part of a sick person for a month and lived sadly in unbearable pain.
Perhaps it bruised my ego as well.
I felt helpless not being able to control anything in my life and for having lived only with sheer will.
Life should not be about forcing things unnaturally.
I felt like I had been living recklessly and foolishly.
My body was telling me to rest, with a constant cough and cold for about a month.
"Who am I? And what are you to stop me?" A competitive feeling inside me to not concede to the pain made me get up again.
Dancing to the rhythm of the Zumba music, feeling the sudden burst of sweat in my back for waving my arms up and down and following the steps,
I feel by exercising my body and mind can think more.
The days of busy life approaches me, waddling on the scale.
The moving weight of the scale makes me smile.
I lift the weights again on the brink of my 60th birthday.
What a delight that I've never felt before from exercising!
I feel pleasant drops of sweat feeling as if I won against something.

Awake at Night

Listening to sweet, cotton candy like songs by the Beatles
The raindrops become
The background of a romantic movie and a gentle breeze.
How the days I long for
Being 17 years old
And loving the guitar sound of the band.

A small radio barely a size of my hand
Becoming the most precious possession of mine,
Staying up all night
The pop songs I did not know the words of
And the sweet, soothing voice
Of the DJ
Seemed like that life would last forever.

My beautiful and precious years
Now outdated
Are stored neatly
Still to this date
Inside a folding fan.

Wishing to open the fan
But time goes by without me
And I find myself in another life.
Today
To those awake at night
I give you a gift of warm memories.

The Vaccine Needle

The pilgrims without expressions
All lined up quietly
Ready themselves
Removing their worldly belongings
One by one.

Letting go
Of their military spirits
Carrying the heavy weapons
Of empty promises of crude politicians
Who love to argue on the podium
Of the oily crowns
Put on above their heads,
They all but quietly follow
The words of a nurse.

As if dreaming
Perhaps passing through a long dark tunnel
In their blank minds

The pinching needles
Are the precious jewels in colorless drops.
Truly,
You are the victor of this century.

The Wind at the Waikiki Beach

Deep in my heart
All came together
As the lovely wind

Storms of life
The gusty winds
Getting through them all with my two hands
My beautiful children
Breathe
Into my tired heart
A breath of love.

Without realizing it
The weight of my life
Flies away
Into the blue sky.

The starts in the sky
The wind gathers them together into a ball.
The round moon has now risen
At the beach of Waikiki.
Aloha!
The wind of love is blowing.

Shower (Rain)

Spewing splendid lights
A mysterious harmony between minor and major chords
From unmeasurably big instruments
Performs a concert in the sky.

The writer's story
Turning into the conclusion of a tragedy
The main character, shedding tears
And vomiting,
Becomes a tired soul.

Dry grasses
Seen from under the cottonwood
After sucking mother's dried milk
The mud rain
Becoming unconditional love wholeheartedly
Crosses
The seven-colored rainbow bridge.

Sunset in the Evening

The once splendid sunshine
Must be hiding in between the curtains
Awaiting its death.

Living life to its fullest
Leaving red scar marks
On its tangled heart
And colors the western sunset.

A Rainy Autumn Morning

A busy sparrow
Hopping around
The frosty, off-season sesame field
Soaked in rain
Finds leaf beetles for its breakfast.

The gloomy wind
Mingled with grey air
Containing ample moist
The autumn rain is falling down
On the ground, on the rooftops.

The grand tune of
One musician
Singing about the four seasons
Falls on the blank music paper
And sings of the dense autumn.

Tap Tap,
Patting the top of the umbrella
That is sad for no reason
On my clumsy face
The autumn rain dissolves quietly.

Yeon-Ga (Love song)

So the world can hear me
To the point my Adam's apple can be seen from outside
I sang loudly.

To prove that life is not a bore
For youth
Residing inside me
I sang with vigor.

I don't know exactly when, but I no longer sing love songs I used to with a fluttering heart. Looking back, as older I became, the clear moonlight has become colder and desolate. Though I am over 60 years old, when I hear Yon-Ga on TV I become emotional and sad. Then I sing it quietly one night as if I am whispering. My heart becomes filled with joy. Which used to be as cold as a rock, my heart is melting away.

Twilight

Six years as if yesterday,
Walking through them
One step at a time
Left but hollow footprints.
Inside my small Gulegol*
Making friends with
Time that flows
Under the steppingstone,
Marching, running
And crossing over it,
My life
Under the red sunset
Wearing a red scarf over its shoulders
Enjoys its glamourous night out.
It is a beautiful time
To dream dreams,
To dance waltz,
Wearing a pair of glass shoes
That I have carefully hidden.
Once again
Dreaming a beautiful dream
I decorate
Every joint of my unwavering life

And each branch that has bloomed flowers for over half a century
With a fragrance of flowers.

— Gulregol is my workplace where I've worked over 30 years since immigrating to the U.S.

Wish

Deep down in my heart
On the brink of my deepest despair
With my hump full of water to drink
I wish to become a camel
Walking the desert alone
To a place of sandstorms
With the sound of bells hanging on my neck.

Dusting off the dirt
Being able to smile occasionally
In that empty heart of mine
Filling it full of appreciation
I wish to see a green field
On which I can practice love.

Being able to endure the unforgiving sunlight
Lying in the vast desert where stars fall
Wanting to be hugged
Grainy desert
Even in the middle of it, I wish for
A small resting place.

Such a place,
Though there may not be a huge oasis
I wish for a place where
I can find a small comforting oasis
And there I will be in despair no more.

Part 5

A Gentleman with an Only Suit and a Cross

Love

One winter
A briskly cold winter
But I feel hot
So I take my top off and throw it away
In my troubled heart
Lacking any emotions
Love knocks on its door.
My tears are falling.
Your words you put into my heart
One by one,
Faith.
Hope.
Love.
You surround me
with warm sunlight.
But the greatest of these is love,
Flying in the sky
And letting us sow its seeds.
Love visits
The unfortunate souls.
Your touch
Means forever love.

Hope

With a sincere heart
I step forward to thee.
That happiness and Joy
Shall materialize
According to thy way,
I give everything I have
and pray
every night.

Thou
Art always within mine heart
I kneel down
And I worship thee with my head bowed down.
Please listen
To mine prayer in its entirety
So it can turn to a lily
In the field
That can praise thee
More than the fame of Solomon ever did.

Moderation

Please lift me off
The extravagances of the heart.
Please let my look straight into my path
And lead me lest I stray.
Please let me realize that the road you made for me
Is the only path for me.

We keep trying to wear the crown of arrogance
On our little heads.
Please let us have a humble heart
And become children of God.
Let us become the salt of the earth
Breathing only inside your arms.

A little bit lower
A little bit smaller
My faith
Where only you are getting bigger.
Please let me live in your glory.

A Gentleman with an Only Suit and a Cross

Through the stained glass
The bright colors are drawing
A cross in my mind.

Lingering in my head
Many requiring repentance
Are laid out without mercy
In the sky.

Walking on
The bridges of clouds of this world,
The songs of
A wanderer without a care,
Are supported by
The rope of faith,
Dangling around, about to break off.

How should I live?

Would it be enough
To wear the armor of the Holy Spirit?
Would that be enough?
If that is so,
I am perfectly fine
Being a gentleman with one ragged suit.

Sunday Sketch

Today is the happy Easter day.
Jesus hugs us with open arms
Putting down all things heavy
And smiling at us.

As the tangled thread
Reborns
At the mouth of a cattle
Wearing clothes of the holy sprit
Today is the day
When people living the last days
To break off
Their chains of sins.

With my head down
I gather my two hands together.
Thankful for the grace
That he has allowed us every day
I say a prayer of thanks.

A Praying Heart

Let us follow
The Lord's way
On the road to the world

Protect us from hollow greed
And put on us
The clothes of humility

Lord who listens
To the shoutings of Hanna
On her knees
Crying and praying

Provide us with a new day
Every day
In our daily lives

At all times
Please let us live
With a praying heart

This Shall Too Pass

The words of the Holy Christ
Gently touches
This bruised heart.

He straightens and caresses
This scarred
And bent heart of mine
And guides me,
For the harsh wind of the world
Shall pass too.

I look up
And watch the sky.
I can see the presence
Of his holiness.

I put my hands together
And I offer my
My thankful heart.

He comes into my heart
And speaks to me.
All the hardships of this world
Shall too pass at some point.

At last,
The sky clears.
Ever so bright
The sun rises in my heart.

Crown of Thornes

Drip
Drip drip
Drip drip drip
The spirit of the Lord
Mingled with his red blood
Drenches the cross

The world stained with sin
All bows to Lord
The heaven and earth shake
And the sky splits into two

That sound
That truly quiet and calm sound
Is the sound of his moaning,
Strong enough to reach the edge of the world

An immortal red flower bloomed
That never dies
On the hills of Calvary
Because of the blood of Lord….

Patience

From Genesis
To the Book of Revelation
For such a long perid
You patiently waited, with love
For the unfortunate souls.

Mother's heartache seen from my youth
Looking back now
She spent her old age with grace.
The patience of love
Is such pure water.

As clear water springs into existence
The deeper we dig in the ground
Its taste is purer and colder.

I recollect a wedding song.
Love is always patient···

Being patient for a long period is painful.
But I also believe
It is how true love finds me.

Peace

Lord
I thank you
For allowing us a peaceful rest.

I bring to you at this hour
Much repentance
And unrighteous thoughts.

This life and everything brought upon by Lord
Is a blessing and holiness.

Lord please help us
To become one
In you name
Shalom!

Mercy

Father
You healed a woman suffering from illness
Even on the Sabbath
And you answer our prayers
However small they are.

You took us in as your children,
Undeserving,
Yet without any conditions or reasons.
You turned poverty in our hearts
Into richness
I worship thee
The king of all kings.

Father, I wish wholeheartedly
And I pray sincerely
That one day I shall become someone
Who can reciprocate your mercy
To someone who needs it.

Kindness

Father
For a friend of mine, fallen by
And suffering from a wordily test,
To come forward in front of you,
Who came to us as the Light of the world.
Please grant me
An act of belief.
My friend and I
Wish to take
The benevolent road of the Lord.

Loyalty

I promise to live my life
In awe of God

And I invite you to my heart
As the sole owner.

I will serve you
With all my heart and strength.

God.
You are my everything.

Peaceful Heart

Father
I thank you for the fruits of the Holy Spirit.
At this hour I turn to you
In repentance and tears.

Expecting good fruits
From a heart as barren as a field of stones
I would resent you and criticize you
Without much thought
Forgetting your words
To refrain from anger and forsake wrath,
I showed my anger too many
In front of my children.

I pray that I become
A warm-hearted child of God
Who seeks words of blessing,
Peace in her heart,
And giving thanks in all circumstances.

Joy

God
You told us to be always joyful in life.
Yet there were many times
I could not follow your teaching.

Our small children
Pointing at the Bible verse on the wall
"Rejoice always!"
Enlighten us, occasionally,
Their parents.

Let us remember the church of Philippi
And remind us of the fruit of the Holy Sprit
In all circumstances.
Help us
To live a life of happiness
Even amidst pain, as Saint Paul suffered through.

An honest faith
As pure as the eyes
Of our young children
Shall be the fruit of joy.

Review

/

The color of happiness built with love

— Kyongsoon Yu' s first poetry book 『In front of the sewing machine』

The color of happiness built with love

— Kyongsoon Yu's first poetry book『In front of the sewing machine』

CheongSill Khang
(Critic. The president of KWAUS)

1. Introduction

At last, we live in an era of writing in short form. SNS encourages such trends. We see people in the street or inside their cars staring at their phones and sending short messages. As if they are pressured to fit everything in such a small screen, people are now accustomed to communicating with one another using abbreviated words and shortened sentences. Signs of these changes seem to be more prevalent among young people. Indeed, we are at an era of being more comfortable and interacting with screens than using physical papers, thanks to the advancement of digital technologies. As if the term "Homo Smartcus" has already lost its meaning, our society is advancing rapidly to using digital texts and audio, fused with Cloud technologies.

For this reason, books are slowly escaping from our hands, and so is reading from physical books. Digitally animated illustrations and listening to poems in audible formats are commonplace, and we are now at an era of looking at photos with short poems inserted instead. No matter how rapidly times may be changing, however, gems amongst these short pieces will need to be sorted out.

According to research conducted by the ministry of culture, sprots, and tourism in South Korea (October 1, 2019), 48% of all adults responded that they did not read any books in the past year. An average of around 6.1 books per year. Based on the report "2019 National Reading Survey," Only 52% of adults read any books in the past year (October 1st, 2018 ~ September 30, 2019) averaging only 6.1 books, a decrease of both 7.8% and 2.2 books per year compared to a previous report in 2017.

Despite these rapidly changing times, the poet Kyongsoon Yu, as if weaving a thread of words on paper, wrote her first book of poetry『In front of the sewing machine』.

2. Finding a picture deep within ____________________

A story of s short-lived spring day,
In which a haze shimmers,
I should have held on to
Inside my hand and never let go.

The sunshine of a spring day
Now exited
Was pushed back
By the cold breeze.

Which way I may feel
Whether running it in my head over
With my eyes closed
Youth declares farewell to all.

I start the fire again
Tilll it turns to
Black ashes.

The word Youth,
I plant it again in my heart.

— *Youth*

The poet immigrated to the United States at the young age of twenty-nine, the springtime of her life, and now she is already a sexagenarian. Time flies too fast.

The poem <Youth> conveys the feeling of disappointment of letting go of her dreams from youth and now at an age of reminiscing on old memories.

A Roman poet, Ovid, once said "The human soul keeps leaning toward the new." As the waves in the back push the ones in front, time flows like the river without resting. Rather than recognizing the change in "leaning" as immutable existence, it rather refers to the culmination of new insights that keeps flowing. However, time passes by all of us indifferently, and with the desolate feeling of the spring days slipping out of her hand, what could the poet do about her longing for freedom of youth that overpowers even the sense of urgency of life and her reality?

Six years as if yesterday,
Walking through them
One step at a time
Left but hollow footprints.
*Inside my small Gulegol**
Making friends with
Time that flows
Under the steppingstone,
Marching, running
And crossing over it,
My life
Under the red sunset
Wearing a red scarf over its shoulders
Enjoys its glamourous night out.
It is a beautiful time
To dream dreams,
To dance waltz,
Wearing a pair of glass shoes
That I have carefully hidden.
Once again

Dreaming a beautiful dream
I decorate
Every joint of my unwavering life,
Each branch that has bloomed flowers for over half a century
With a fragrance of flowers.

— *Twilight*

The poet settled in NY in 1987 with her husband and has now been working at the same dry cleaner for over 30 years. Having commuted to work from home using the same route every day, her own place, Gulregol means her workplace. As she has been welcoming the four seasons standing on the same spot, greeting her customers all these years, the sunken years left their marks over her workplace. Certainly, she must have had also bad memories at her workplace. At her Gulregol, she experienced happiness as well as pain and sorrow, and thus her entire life is found at every corner of this place.

Thus, here at her workplace, //Wearing a red scarf over her shoulders // She enjoys a glamourous night out of the sunset // It is a beautiful time to dream dreams // To dance waltz wearing a pair of glass shoes that she had carefully hidden //

And once again she is dreaming a beautiful dream // so, she describes her life as being comforted by her Gullegol. A soothing consolation, her healthy mindset, and her world of honest thoughts all lead the reader to a wave of heart-warming emotions. The poem singing about her <Twilight>, which could have been a typical experience for many, but never is one for her, brings out the feeling of being comforted by the poet. How can we ever discuss the properness of poetic or literature techniques?

Hard to bring myself to say it
Harder to write it in words
For it might be etched permanently
I shall rather forget it.

Many conversations we have shared
All scattered away in the air
Beautiful memories of life
Have all but faded mercilessly
The double knots we created
Have now been broken by betrayal
And became but a thread again.

The wind touches my checks.
I turn around and look
And the shadow of sorrow and betrayal
Follows me at a distance.

— Betrayal

The poet confesses that it's // Hard to bring herself to say it/ Harder to explain it in words. / For it might etch itself permanently, she would rather forget it / Many conversations they had / All scattered away in the air / Beautiful memories of life

Have all but faded / The double knots they created / Have now been broken by betrayal

And became but a thread. /

Hans-Georg Gadamer once said that we are beings who reminisce on the past, and that reinterpreting facts of the past is planning. In other words, the new becomes the old, and painful memories of the old sometimes appear as new. As apparent from the title of the poem <Betrayal>, not all good things happen to our daily lives. As long as this world exists, so will our senses such as a loss of trust. Not necessarily from love between a man and a woman, such betrayal can occur in existence of a once-loved one or in participation of giving and receiving love. In such participation, the existence of 'I' must be loved as well. However, by recalling 'the other person', the 'I' creates the 'We'. Thus, a united co-esse of 'We' is formed. In this sense, love is already ontological, and as participating in one's return to God, or salvation, God is love. Only then, the meaning of 'Love is the only salvation.' truly materializes.

On one chilly spring day,
The green leaves
Having gently climbed up the wall,
With the white and purple flowers,

That bloomed sporadically,
Smile shily.

The lonely bunch
Born on a foreign land faraway
Even amid the agonizing pain
With its long white neck
Becomes our happiness
And comfort.

Before the cold frost arrives
My small wish
Undresses its green clothes quietly
And awaits Mugunghwa flowers to bloom
With an unchanged heart
For the next warm season.

— *Mugunghwa*

After immigrating to the US, the house the couple bought with their hard-earned money has a shared fence with the house next door of Mugunghwa trees. As if it is telling them to never forget their hometown in Korea, the entire wall is planted with Mugunghwa. Winter has already passed, and the leaves are turning green on the wall. The poet watches each new bud of Mugunghwa, blooming lonely in a country far away from its hometown. Amid agonizing pain and suffering, she touches the buds carefully while waiting the flowers to bloom. Such act brings joy and comfort to her. As she grows older and wiser, associating her hometown and family with the smallest things that may have any connection with them or pay attention to must be human nature.

Poet Baek Suk '… staying silent for a while, he puts out his hand with a long fingernail on his little finger and takes a purse/ Suddenly he asks me where I was from.' Poet Lee Sang Jin also sings about 'the spot where the large Miru tree stood at Seodang house… and whose name would now be on that place?/ poetizes in lamination about his hometown being forgotten as well as his aging self.

Whenever I visit here
I can see the sight of
The moon and the stars dancing together
On the surface of the navy-blue lake.

As the queen of the lake
As I walk on this paradise
One step at a time
The journey of my life
Deep as the lake
Suddenly becomes clear.
As I open my eyes wide open
Toward the neighboring forest
Surrounding the lake,

Another path opens its door
And the stars shine brightly.

As the night nears,
Heading toward the deep forest
Where the star of the Little Prince
Crash landed,
It shouts
That the repair of his plane is taking too long.

— *Lake George*

This poem was published in the winter issue of Korean American Literature in 2020. Lake George is a small lake located in upstate New York. It is about 3 hours away from the poet's house. Despite her busy life, she visits the lake from time to time, and every time she is greeted with the view of the clear sky and a clear lake, which cannot be experienced in the city. The hot sun rises during the day, and at night the wind blows through the forest. The poet, looking at the neighboring forest that is swaying left and right, describes it as a cry of Antoine de Saint-Exupery at a crash-landing site that the repair of his plane is taking too long.

Lyrical objects that we see in our heads are like our hometown. Like a children's fairy tale, they often put our minds at ease. In such a place, we can freely talk about the trajectories of our lives that have been buried deep within. So, this reviewer feels as if I was walking with the poet, step by step, alongside the lake.

After I put on my makeup each morning
I brush my hair neatly, tied it back
And I head to work
In a simple dress.

The day I sat in front of a sewing machine for the first time,
My hands shook vigorously
And as my leg became stiff
I would press on the pedal for far too long,
Feeling deeply frustrated.
I remember sometimes
The scars left in each corner of my heart,
And I think of my mom
Sitting in front of her sewing machine.

My mom's fingers were stubby,
But magic wands they were.
When her red, hand sewing machine goes
Click Clank Click Clank
It would turn poplin garments, with flower patterns
Into the prettiest dress I ever saw
And I would wear the skirt, feeling elated
And head out to my neighborhood to brag.

Again, one stitch at a time

Back to the starting place again
Erasing marks with an eraser
I sew patience.
I sew living.
I sew life.

— *In Front of the Sewing Machine*

The poet got married in Korea in 1986 and arrived pregnant in NY, USA with her husband the following year. Soon, they visit a dry cleaner listed for sale to take a look at it. Deciding that this was her forever job, she starts as an employee and has been running the place ever since. Meanwhile, she raised her daughter, who is now a neuropsychology post-doctoral fellow and her son currently working at a marketing company.

There must have been temptation to move the business to a better and more convenient location. Still, I am in awe with their decision to stay in one place for over 30 years in someone else's building. All the while, the river and the mountain have changed three times. Even surprising is that they are still making rent payments every month without fail to run their business.

Even today, the couple is sewing the color of happiness at this dry cleaner that they have built with love. The poet learned to use the sewing machine there, and her husband dry-cleans customers' clothes and irons them every day. As the years have passed this way, she now greets her sixties with her husband. Thus, her workplace exhumes their joy and sorrow as well as the life she has been sharing with her husband . It is also a place that "cleanses" the poet's sentimental poems.

It has already been 35 years.
With his pregnant wife almost due and in his big luggage full of seaweed and red pepper powder
While carrying the baby blankets and diapers on his shoulders, worrying he might lose them if put in the luggage.
That day holding his wife's hands who was waddling like a duck
After a few connecting flights, transferring out of Chicago and settling in at a shabby hotel to stay the night
I then finally saw my husband's shoulder, deeply bruised,
Making me feel safe to see him knocked down on the bed, tired from the day's trip.
The fact that we were young even looked fashionable.
He was my rock that I could lean on.
Time now flies with its wings wide open, as if running is not fast enough.
The days we have marched together for over 30 years, having never looked back
Have now come to a halt, momentarily, due to

COVID-19.
His ambitions and courage are nowhere to be found, and suddenly he became timid.
What little left of his hair, now mostly thin and grey, fluctuates with the slightest breeze.
And why does he look out of place when he wears sweatsuits nowadays?
During this confusing time, it should not be his fault to live like this.
He seems down these days, and that hurts my feelings.
Today he is standing in front of the sink doing the dishes without my asking him to.
When I tell him to stop, he insists that I rest.
Today, my husband's back looks even more lonely.
A Korean man's unique pride in his 60s
Must have curled itself away, lost in deep thought.
He is at an age where he needs to retire and does what he has always dreamt of doing.

"You don't have to do that!"
"It's not your fault!"

— The Back of My Husband

Not as individuals, they march together as a family. The poem by Kim SiTak, <Living is like an installment savings plan> suddenly comes to mind. //Making the principal and interest payments//Paying the late fees if overdue//Installment savings plans when feeling overwhelmed/Could be cancelled at least / When life throws a tantrum at us/Can we quit in the middle of it?/ Calculating the amount of time we have lived /Returning the the remaining time /Can we cancel it?/And can we get/ Something of a refund for such cancellation?/Living is just like/Repaying a bond loan for life.//

<The Back of My Husband> is a lengthy epic poem borrowing a poetry form. As the COVID-19 pandemic drags unexpectedly longer than what was expected, everyone refrains from going outside unless it's necessary. The world has turned upside down and working at workplace became telecommuting at home now. As a result, their dry cleaner business was hit financially, perhaps more harshly than other sectors. As the business slows down to a halt, her husband's role at home as the man of the house gradually diminishes and his spirit dies down. As if feeling sorry for staying home and doing nothing, he volunteers to do the dishes.

G. Marcel once said, in our lives and in the world of existence, everything is communal, and all things are destined to be connected. That is, he establishes the importance of co-existence. For him, a reciprocal concept such as 'We' always precedes a subjective concept, such as 'I'. Art is a form of a repressed surrogate satisfaction, and a psychological view of art, interpreted as a means to an end, attempts to provide a causal explanation as the concept a necessary condition for creating art. For this inquiry, understanding of art is justified only if 'You' and 'I' are put on the same line. For poet Kyongsoon Yu, as she steps her foot into old age, self-reflection and awareness of existence materialize into an insight into her life through love and understanding.

From Genesis
To the Book of Revelation
For such a long perid
You patiently waited, with love
For the unfortunate souls.

Mother's heartache seen from my youth
Looking back now
She spent her old age with grace.
The patience of love
Is such pure water.

As clear water springs into existence
The deeper we dig in the ground
Its taste is purer and colder.

I recollect a wedding song.
Love is always patient…

Being patient for a long period is painful.
But I also believe

It is how true love finds me.

— Patience

The poet has been an active member of her church for almost 30 years. Humanity has acknowledged traditional values, yet it has also concurrently desired destructive change. When calls for religious reforms start to accelerate and a need for control is requested, the required measures are made rather decisively. When the Bible is interpreted differently and chaos ensues, people come together to a world of their own equality in a decentralized and pluralistic way. These forces do not exist as individuals, but only when people come together as unity. The poet boldly withdraws from Confucianism. As Kitsch believes, the poet must have thought as well that the world is rampant with miscellaneous and meaningless paintings, barber shop pictures, or crude beings.

However, the truth that escapes from such formality requires patience, forgiveness, and love. The poet recalls that when she was young, her mother had to endure her harsh reality due to financial difficulties but spent her old age with grace thanks to patience of love. Having witnessed her mother growing up, the poet believes that patience is like spring water that is such pure and clear.

Through the stained glass

The bright colors are drawing
A cross in my mind.

Lingering in my head
Many requiring repentance
Are laid out without mercy
In the sky.

Walking on
The bridges of clouds of this world,
The songs of
A wanderer without a care,
Are supported by
The rope of faith,
Dangling around, about to break off.

How should I live?

Would it be enough
To wear the armor of the Holy Spirit?
Would that be enough?
If that is so,
I am perfectly fine
Being a gentleman with one ragged suit.

— *A Gentleman With an Only Suit and a Cross*

The stained glass on the church window changes its color in a splendid fashion as the light coming in from outside changes. Unknowingly, it immerses the poet in the world of imagination in colorful colors. // Walking on / The bridges of clouds of this world / The songs of / A wanderer without a care / Are supported by / The rope of faith/ Dangling around, about to break off / omission / Being a gentleman with one ragged suit/ Is fine with the armor of the Holy Spirit.// Since she professionally fixes and cleans old clothes, she asserts that she is good being a gentleman with only a single suit.

Having worked at the same dry cleaner, she has managed various aspects of time quite successfully. At her workplace, she sews the well-being of her family and even the image of God. Her dry cleaner is also the place where all her poems that paint the world around her are created. The construction of her unique view of the world, while maximizing intrinsic motivation, is also culminated at this workplace.

3. Outro

A dense forest, the greatness of nature, and the mystery of life in a vast field inspires infinite imagination. Therefore, from the gray city created by modern civilization and from her workplace, she seeks temporary refuge in nature. When she's there, she sees the light of the lively dawn. Often, she walks barefoot on the soft grass and sees and feels herself for all living creatures that are born, raised, and breathing there.

At last, she finds her objects of longing and love from nature. The sentiments of nature are not the starting point of her work but become life itself. In chapter 6 of Do-doek-kyung (Tao Te Ching), the god of the heart is eternal and is the great mother.

Memorizing and writing poetry are living patterns of life and an exploration of beings that are worthwhile to remember. This is the openness of the lush forest of life. Though it may seem insignificant to others, to the poet, poetry borne out of agonizing pain of creation is the conclusion for a greater birth. In her poems, the river of life flows, and the joy of the stars of fate rising anew are filled with linguistic aesthetics of poetry.

I eagerly anticipate that poet Kyongsoon Yu will continue her journey in creating poems that are not only unique in her taste but also expressing beautiful patterns in fine colors.

강양욱 번역
(Charles Y. Kang)

Washington State University, Bachelor
Georgia Institute of Technology, Master
UC, Irvine, Master
UC, Irvine, Doctor of Philosophy

매실과 눈깔사탕 (Mesil and Eyeball Candy)
콩만큼 점수 받은 날 (A reward in the size of a peanut)
정담의 향기 (The Fragrance of a Warm Conversation)
시 한 송이 피워 (Growing a flower of poetry)
론 사이프러스 (Lone Cypress)
담쟁이넝쿨 (Ivy vines)
베틀 (The Loom)
재봉틀 앞에서 (In front of the sewing machine)

재봉틀 앞에서

초판 1쇄 2021년 12월 4일

지은이 유경순
발행인 김재홍
총괄 · 기획 전재진
디자인 현유주
마케팅 이연실

발행처 도서출판지식공감
브랜드 문학공감
등록번호 제2019-000164호
주소 서울특별시 영등포구 경인로82길 3-4 센터플러스 1117호(문래동1가)
전화 02-3141-2700
팩스 02-322-3089
홈페이지 www.bookdaum.com
이메일 bookon@daum.net

가격 15,000원
ISBN 979-11-5622-641-3 03810